新・大阪モダン建築

Modern Architecture in Osaka 1945–1973

戦後復興からEXPO'70の都市へ

監修・編著　橋爪紳也

編著　髙岡伸一・三木学

青幻舎

まえがき

橋爪紳也

本書は、戦後復興期から高度経済成長期、1970年に開催された日本万国博覧会（大阪万博）、高度経済成長が終焉する1973（昭和48）年までを区切りとして、戦後期の大阪に建設された代表的な建築を、当時の写真や図版と併せて紹介するものです。

大阪は、1925（大正14）年の第二次市域拡張を契機に、「大大阪」と呼ばれる東洋一の商工都市に転じました。人口は200万人を超え、一時的に東京を抜き日本で最大、世界でも5位、6位を争う巨大都市となります。

都市計画が施行されました。幹線道路網が計画され、都市内交通の課題を緩和するべく、高速鉄道のネットワークが構想されます。唯一の廣路に位置づけられた御堂筋の建設にあわせて、地下鉄御堂筋線の工事も進められました。市街地周辺部では、区画整理によって工場地帯や住宅地が整備され、内陸に立地する工場群に資材の運搬をするべく、新たな運河の開削も実施されました。港湾の修築も重要な課題でした。今日の大阪の骨格が、この時期に確立されています。

大正から昭和初期にかけては、建築技術の進捗が顕著な時期に当たります。鉄筋コンクリート造や鉄骨造など構造技術が普及、オフィス専用ビルや百貨店の高層化が始まります。エレベーターの国産化も都市の立体化を促しました。

技術革新とともに、モダニズムの建築デザインも紹介されました。一方で、大阪の経済人や建築家は華やかな意匠を好みました。現在、船場界隈を中心に、戦災を免れた当時の建物が、わずかに残ります。かつて経済的豊かさを謳歌した時代の遺風を伝える建築群を、私たちは単なる文化遺産ではなく、「生きた建築」として利活用をはかるべきだと主張してきました。

■

もっとも大阪の都心の大部分は、太平洋戦争中、連合国軍によるたび重なる空襲によって灰燼に帰します。先人たちは、戦前の繁栄を想起しつつ、廃墟から「大大阪」の復興に向けて立ち上がります。

大阪市は敗戦の翌月、1945（昭和20）年9月に復興局を立ち上げ、独自の戦災復興基本計画の策定を進めます。1946（昭和21）年5月に「復興都市計画街路計画」、9月に「復興都市計画土地区画整理計画」、翌1947（昭和22）年に「大阪特別都市計画公園計画」が定められます。

区画整理を主な手法として、大阪の復興計画が具体化します。

一方で、大阪の産業を支える港湾地帯の復旧も重要な課題になります。安治川や大正において内港化を推進、開削した土砂で、西大阪全体におよぶ大規模な地上げ工事が実施されました。１９５０（昭和25）年のジェーン台風の被害のあとには、防潮堤工事を実施、災害に強い都市の建設が開始します。

戦後の混乱期にあって、各地にバラックが建てられ、闇市が人々の生活を支えました。公的な住宅の供給が喫緊の課題になります。公団の都市型住宅、市営住宅など団地の建設が始まります。

主権の回復後、高度経済成長の時代を迎えます。大阪の都心では、建設ラッシュが始まります。

御堂筋は、銀行や商社が並ぶビジネス街になり、キタやミナミの繁華街には地下街が開業します。一方、郊外においては、千里や泉北のニュータウン、堺・泉北臨海工業地帯開発など、さまざまな開発事業が進展しました。

■

戦後復興の到達を示すベンチマークとなる国家イベントが、日本政府による国際博覧会、いわゆる１９７０年大阪万博の開催でした。千里丘陵が切り開かれ、半年間におよぶ世界的な祝祭が開催されました。

博覧会の開催に間にあわせるべく、道路の交通機関の整備が進捗しました。新御堂筋線など広域を連絡する道路網に加えて、自動車専用道路である阪神高速道路の建設が進みます。戦後復興計画に示されていながら進展を見ていなかった都心を横断する築港深江線の船場地区も、高架道路と高速道路の下に10棟のビルを収める「船場センタービル」として実現をみます。

東海道新幹線の開通に応じて、新大阪界隈の整備も進みます。伊丹空港の国際化も実現しました。かつての「大大阪」は、新たな姿を示すことになります。

この小著では、戦後復興期から高度経済成長期、さらには１９７０年大阪万博に至るまで、各時期を代表する建築を、すでに取り壊されたビルディングも含めて、時系列の順に紹介をしています。一連の名建築を媒介として、大阪という都市の戦後を回顧しようとする試みです。

斬新な外観のパビリオンが並ぶ１９７０年大阪万博の会場は、「未来都市」と呼ばれました。同時に急激な変化のただなかにあった大阪の街そのものも、「未来」を志向していました。誰もがそれぞれに将来への希望を抱くなか、都市はかつてない繁栄を体現します。

今日の大阪が、先人たちが企図した「未来」に値するのかどうか。その評価はさておき、活力に満ち満ちていた時代の都市と建築を、今の視点から見直すことは有意義であると思います。かつて最新であり、斬新であるとされた建物は、単なる懐旧の対象ではありません。そこに新しさを求めた先人の想いを読みとりたいと思います。

Osaka began to take shape, mainly through land readjustment efforts.

Meanwhile, the restoration of the bay area that had underpinned the industry in Osaka was also an important issue. Inner harbors were promoted in the Ajikawa River and Taisho area, and a large-scale work of raising the ground level was carried out in the whole of West Osaka by using the soil excavated for the harbors. After the damage of the typhoon Jane in 1951, the city conducted a construction of storm surge barriers and began to work on building a city that can withstand disasters.

During the post-war period, when Japan was thrown into confusion, people built barracks in various places, and black markets supported people's lives. The supply of public housing became an urgent issue, prompting the construction of danchi housing complexes, such as urban housing projects by the Japan Housing Corporation and municipal housing.

After regaining sovereignty, Japan entered an era of rapid economic growth. The center of Osaka underwent a construction rush.

The Midosuji area became a business district with numerous banks and trading companies, and underground shopping centers opened in the downtown areas of Kita and Minami. In the suburbs, various development projects, such as Senri New Town and Sakai/Senboku Rinkai Industrial Zone, were advanced.

■

Expo '70 was hosted as a national event by the Japanese government and became a benchmark for the heights achieved by the postwar reconstruction. Senri Hill was cleared for the global festival which lasted for a half year.

To meet the opening of the exposition, the development of roads was accelerated, including the construction of the new Midosuji Line and other road networks that connected a wide area, as well as the Hanshin Expressway for the exclusive use of cars as well as road networks. The Chikko-Fukae Line that cuts across the city center, and which had not seen any progress despite being part of the postwar reconstruction plan, also materialized as Semba Center Building which housed ten buildings under elevated railroads and highways.

The Shin-Osaka area was also developed following the opening of the Tokaido Shinkansen Line. Itami Airport was internationalized too. The former Dai-Osaka transformed into a new city.

In this publication, we introduce buildings that represent each period in chronological order from the period of postwar reconstruction, through the high economic growth period, until Expo '70, including buildings that have already been demolished. It attempts to provide a retrospective view of the city of Osaka in the postwar period through notable works of architecture.

The venue of Expo '70 lined with pavilions with a fresh appearance was called a "city of the future." At the same time, the city itself, which was in the midst of rapid changes, was also oriented towards the future. As each and everyone oriented themselves toward the future in their own ways, the city gave shape to unprecedented prosperity.

Does Osaka of today deserve to be praised as the "future" that the people imagined back then? We may not be able to answer this question, but I believe it is meaningful to revisit the city and its architecture during the era that was full of vitality. The buildings that were once at the leading edge of innovation are not the mere subjects of reminiscence. By looking at those buildings, this book aims to discern the thoughts of our predecessors who sought the new.

Introduction

Dr. Shinya Hashizume

With the aid of photographs and illustrations, this book presents representative works of architecture built in Osaka from the postwar reconstruction period, through the rapid economic growth period that followed it and the Japan World Exposition (Expo '70) in Osaka, up to 1973 when the economic boom came to an end.

Prompted by the second expansion of the city areas in 1925, the city of Osaka developed into the most significant commercial and industrial city in the East and came to be known as "Dai-Osaka (Great Osaka)." The city's population exceeded two million people, making it temporarily the largest city in Japan, overtaking Tokyo, and the fifth or sixth largest in the world.

The city went ahead with urban planning. A highway system was planned and a high-speed rail network was envisioned to alleviate problems of urban transportation. The construction of the Midosuji subway line was pushed forward following the development of Midosuji boulevard, the sole designated main street having a maximum width, which ran between the north and south terminal stations passing through business areas in the central part of the city. The street was developed for the forthcoming motorization and designed as a symbolic scenery of a modern city. In the outskirts of the city, factories and residential districts were created through land readjustment projects, and new canals were excavated for transportation of material to the factories. Repairing harbors was also an important issue. It was in this period that the framework of today's Osaka was formed.

The period from the Taisho era to the early Showa era was marked by a significant progress in architectural technology. Structural technologies, such as reinforced concrete construction and steel frame construction, became widespread, and office buildings and department stores grew in height. The domestic production of elevator too contributed to the city gaining in height.

Along with technological innovations, modernist architectural design was also introduced. However, the business and architecture communities in Osaka preferred opulent designs. Today, a few buildings that escaped damage in the war still remain around the Semba area. We have insisted that these architectural works that convey the era that once enjoyed economic affluence should be utilized as "living architecture" rather than as mere cultural heritage.

■

Most of the city center was in fact, burned to ashes by the repeated aerial attacks of the Allied Forces during the Pacific War. Our predecessors stood up to reconstruct the city and create Dai-Osaka from the ruins while recalling the pre-war prosperity.

The municipal government of Osaka established a reconstruction agency in September 1945, the month following the defeat, and started working out its major independent plan for war-damage reconstruction. The "Restoration Planning of the City: the Street Plan" followed in May 1946, the "Reconstruction Planning of the City: Land Readjustment Plan" in September 1946, and "Osaka Special City Planning: Park Plan" in the following year. The reconstruction plan of

目次

凡例

○本書は、1945(昭和20)年から1973(昭和48)年までに、大阪市内とその近郊に建てられた建築の中で、特に都市計画、都市開発と密接な関係を持つ建築及び都市インフラを選定した。

○図版は、所有者、設計・施工会社の協力を得て、竣工時と建設途中の写真を掲載した。ただし、保持されていない場合は、公文書館・図書館・博物館・新聞社及び橋爪紳也の個人コレクション等から収集した。図版の出典は、巻末に掲載した(図版は竣工時の資料が多く経年劣化していたり、解像度の低い画像があります)。

○各年代の建築は、
1章:1945(昭和20)年〜1954(昭和29)年《占領下、戦後復興期》、
2章:1955(昭和30)年〜1960(昭和35)年《高度経済成長の始まり》、
3章:1961(昭和36)年〜1964(昭和39)年《東京オリンピックまで》、
4章:1965(昭和40)年〜1973(昭和48)年《大阪万博・高度経済成長期の終焉まで》の区分で章を分けて、建設年順に掲載した。ただし、1970(昭和45)年の日本万国博覧会(大阪万博)の建築に関しては5章にまとめた。

○章の間に、各時代の背景を掴めるように、コラム「都市と建築」を掲載した。

○本書は、空襲後の焦土から復興、高度経済成長期、大阪万博に至る、大阪の都市が立ち上がる過程を建築や都市インフラから示すため、すでに解体された物件についても多く掲載している。すでに存在しない建築については文末に【現存せず】と記載した(2019年7月現在)。ただし、大阪万博に関しては、現存し鑑賞可能な物件は、コラム「大阪万博のレガシー」にまとめた。

○建築概要に記した建設地は、現存していない建築についても、現在の住居表示を用いている。

○年表は、大阪の建築・都市関連、関連の法律・団体、日本・世界に関する情勢を掲載している。

○まえがき、総論「戦後大阪の都市計画と建築」、5章の「大阪万博の建築」は橋爪紳也が担当した。

○1〜4章、解説「都市建築としての新・大阪モダン建築」、あとがきは、髙岡伸一が担当した。ただし、文末に(S)と記載されている記事は、酒井一光が担当した。

○コラム「都市と建築」、「大阪万博のレガシー」、年表は三木学が担当した。

○ルビは、建築家、芸術家、都市計画に関連する政治家・経営者及び地名を含む難字などの初出のみ記載した。

戦後大阪の都市計画と建築

橋爪紳也

都市と建築の自分史

みずからの経験を媒介として、誰もが都市と建築に関して語ることができる。たとえば、私の場合について簡単に述べておこう。

私は高度経済成長期のさなか、1960（昭和35）年に大阪で生まれた。父親が戦時下の経験を口にすることはあまりなかった。母親からは、稀に疎開先の苦労話を聞くことがあった。

生家は都心、いわゆるミナミ、島之内にあった。戦後、三重県から大阪に出向いてきた父親が建築塗装の会社を起した。大工であった母方の大叔父が建てた、おおがかりな木造の二階屋のほか、事務所や塗料や足場などの資材置く棟があった。

住み込みの若い職人、通いの職人もあわせて、30〜40人ほどもいただろうか。早朝からトラックが何台も集まり、資材を積んで各地の現場に出向く。工事現場の飯場のような住まいであった。

今にして思えば、実に「多様性」に富んだ環境で育ったものだと思う。

町内には、金属や家庭製品などを扱う問屋、アドバルーンを製作する工場などがあった。中小零細企業の多くが、住まいと作業場を同じ敷地に建てていた。一方で、焼け跡の名残りの空き地やバラック建ての木造家屋もあった。戦後復興期の雰囲気が、いまだ随所にあったように思う。隣家は、企業の保養施設である料理屋であった。心斎橋や道頓堀の商店街から、さほど遠くないこともあって、ミナミの盛り場の雰囲気もわずかに感じることができた。

また南区役所や道仁《どうにん》小学校などの公共建築は、戦前からの佇まいを見せていた。高島屋長堀

子供の頃の筆者。

店を改築した丸善石油のビルが、近傍では最大の建物であった。また時計塔をそなえた富士火災のビルディングなどの洋風建築、隣の小学校の区域である空掘界隈にあった長屋街など、戦火を免れた建築群もあった。

子供の頃には、都会であるがゆえに、遊び場を探すのに苦労した。南保健所の駐車場、住友銀行の社員寮であるアパート内の園地や、公団が建設した瓦屋町のマンモスアパートの屋内に設けられた吹き抜けの中庭が貴重な遊び場であった。

時系列で思えば、あわただしく「変化」を体感する日々であった。小学校の頃、町内に新しい集合住宅ができた。「アポロマンション」という名前が印象的であった。月面を目指した米国の宇宙ロケットにちなむ命名である。

1970年大阪万博の際には、親戚や得意先の家族がわが家に宿泊した。堺筋線が開通した日には、長堀橋駅に動員され、祝いの小旗をふった。御堂筋が一方通行になった日、父親の運転するトラックに同乗、信号が系統だって変わる様子を見た記憶は鮮明である。

カラーテレビをわが家も購入した。窓が木枠からアルミサッシになり蚊帳を吊る必要がなくなった。最初のクーラーは事務室に装置された。カセットラジオを購入、ナイター中継や深夜番組をエアチェックするのが日常となる。

私は大宝幼稚園、道仁小学校を卒業のち、大阪市立南中学校に進学した。中学生であった頃、学校の周囲である炭屋町界隈、倉庫や事務所ビルが多くあった一帯が、アメリカ村と呼ばれる商業地に転じた。三角公園の愛称があった児童公園を中心に、新しい賑わいが生まれる。その後、街のジェントリフィケーションが進展、のちにわが母校はビッグステップという複合商業施設となってしまう。

私が眺めてきた光景は、大阪の戦後史の断片でしかない。ただ、都市は、多くの主体の営為が、多層に集まる場である。ひとりひとりの経験の集積が、都市の歴史を構成しているということも可能だろう。

復興から高度経済成長へ

大阪の復興から高度経済成長に至る道程を簡単に回顧しておきたい。

連合国軍の空襲によって、大阪の都心は焼き払われた。不足した住居の確保が最大の課題となる。一方で都心の焦土には、まずバラックなどの仮設建築が建ち並んだ。

大阪商工会議所の理事であった伊東俊雄は、雑誌『建築と社会』1949（昭和24）年1月号に「都市は大地に生える」という文章を寄稿した。瓦や灰の堆積と化した心斎橋の焦土の上を、幾千の人が理由もなく歩くうちに、一軒、三軒と、すいとん屋や、ぜんざい屋のバラック店舗が建つ。いつの間にか、表側だけは戦前の格構を整えたショッピングストリートの姿を取り戻している。この様子を伊東は「商業は大地に生える」と表現する。人間は植物と同じように、土地に根を下ろしている生き物である。根を失わない限り、焼かれても、壊れても、その焼け潰れた瓦礫の上に立ち上がっていく。「総ての都市は焼瓦の上に建設されるものである」という認識を肯定する。

その上で伊東は、一般論として、災害のあとに地域制や道路制や公園の計画などが立案されるが議論をしているあいだに、焦土の街に「仮設物」が無計画に建つ。いつの間にか、災害前よりも「チャチで安っぽい街」ができてしまい、十年も二十年もそのまま固着してしまうと指摘する。

大阪の戦後復興も、まさに同様であった。計画立案と、個々の復興や建設事業とのせめぎ合いなかで進められた。占領下にあって大阪市はいち早く復興局を立ち上げ、復興都市計画の策定作業に着手する。最大で325万人が住んでいた戦前の過密を改善し、人口250万人程度の都市に再生することを目標に定めた。対象面積6107ヘクタールの土地区画整理事業を主な手法としつつ、港湾の整備や工業振興などに重きが置かれた。

幅員80メートルの築港深江線など64路線の街路を新設もしくは拡幅、延長36キロの幹線道路を整備する計画が示された。市域面積の10%の緑地を確保するべく大阪城公園など合計108か所823ヘクタールの公園事業も盛り込まれた。さらに地下鉄網の拡充、国鉄の環状線化、

御堂筋の観光絵葉書。千日前通りの交差点から北方向を見通す。まだ一方通行になっていない。

安治川・尻無川の内港化も含まれる。

もっともこの計画は、財政難などもあり、大幅に計画は縮小されることになる。特に船場や島之内などの都心にあっては、区画整理の実施そのものを断念する。さらに１９４５（昭和20）年に枕崎台風、１９４６（昭和21）年の昭和南海大地震、１９５０（昭和25）年のジェーン台風など、立て続けに自然災害が襲来したことから、各事業は遅延をやむなくされる。高潮対策の必要性から西大阪一帯の地上げを促進、長大な防潮堤が建造された。一方で都市の不燃化が重要な課題となる。

１９５０（昭和25）年、建築基準法が施行された。また同年に勃発した朝鮮戦争による特需の影響もあり、新たなオフィスビルや商業施設の建設が活発になる。一方で１９５１（昭和27）年、サンフランシスコ講和条約が結ばれ主権が回復するまで、主要なビルディングや都市施設は進駐軍によって接収されていたことは特記しておきたい。

この時代を代表する建築を列記しておこう。１９５０（昭和25）年に大阪スタヂアムが竣工する。スポーツと文化の復興を掲げて、ＧＨＱ（連合国軍最高司令官総司令部）の支援を得て竣工した複合施設は「昭和の大阪城」

大阪駅前の観光絵葉書。

などマスコミが評価した。1951(昭和26)年に梅田に阪急航空ビルと国際見本市会館、1952(昭和27)年にサンケイホールや大阪府立体育館が竣工している。さらに1953(昭和28)年5月、大阪駅前に高さ40・75m、12階建、地下に駐車場を設ける第一生命ビルが完成している。

昭和30年代は、いわゆる高度経済成長期にあたる。1954年(昭和29年)12月、いわゆる神武景気において、大阪も活性化する。復興期の急成長が鈍化することを懸念、1956(昭和31)年の経済白書には「もはや戦後ではない」と記された。

大阪の人口は復興計画で想定した規模を、早くも超過してしまう。持ち家政策に応じて郊外を開発、一方で大規模な集合住宅の建設が要請される。あわせてモータリゼーションの進展に応じた道路計画が不可欠となる。

1958(昭和33)年に千里ニュータウンの開発が決定、1962(昭和37)年にはまちびらきが行われている。「団地族」が流行語となった。一方で1962(昭和37)年に阪神高速道路公団が設立され、水害対策などもあり埋め立てられた河川や掘割などの跡を用地としつつ、都心と郊外を連絡する高規格の高架道路網を建設する方針が示された。

昭和40年代になると、1970年日本万国博覧会の大阪開催が決定したこともあり、都市基盤の整備が急がれた。戦災復興で計画に盛り込まれた築港深江線のうち、用地買収のめどがたたないままに遅延していた船場地区の事業化などが一例である。80m幅員の道路を多目的に利活用、阪神高速道路と一般の高架道路、平面道路で構成する。一方、高架道路の下部には、道路占有によって長大な船場センタービルを建設、既存の街区に集積していた多数の繊維問屋を収めた。あわせて街路の地下に地下鉄中央線を建設した。

1966（昭和41）年、阪急梅田駅の移設拡張工事が始まる。新しい商業集積が誕生した。バラックが建ち並んでいた大阪駅前では、公共施設と建築物を一体的に整備する市街地改造法を適用、大阪駅前市街地改造事業が進展する。1970（昭和45）年4月に竣工した大阪駅前第1ビルから、1981年に完成した第4ビルまで20年におよぶプロジェクトとなる。

1970年大阪万博は、建築デザインや構造面での実験場となった。その詳細は、別項で記載したので参照されたい。

多様性の建築

戦後復興から高度経済成長を遂げるまでの期間、各地から多くの人たちが機会を求めて、大阪に移り住んだ。大阪はさまざまな多様性を飲み込みつつ、復興を成し遂げ、さらにダイナミックな成長を果たしてゆく。この都市が、さまざまな価値を受容することができた背景には、商工都市ならではの自由な都市性がある。

建築や景観も同様である。大阪では、一定の秩序を維持しつつも、競争を良しとする景観が誕生した。本書で紹介する建築群も、実に多彩である。合理的精神に由来する機能性を担保しつつも、自由に、かつ新しい試みを許容する気風こそ、大阪独自の建築文化を発展させてきたといって良いだろう。

大大阪の都市建設

モダンな都市計画の先駆け、日本一だった大大阪

近代大阪に都市計画を根付かせ、建築とともに発展させた人物がいる。1923（大正12）年、第7代大阪市長に就任した関一[*1]である。関は約20年間、大阪市政を牽引して社会政策、都市計画に大きな功績を残した。特に、御堂筋の拡幅と地下鉄の敷設は都市の骨格となり、大阪は近代都市へと変貌していった。

豊臣秀吉の町割を基にした近世の名残のある街は、人口増加と工業化が急激に進んだためさまざまなところに歪みが生じていた。先進的となる近代大阪の都市計画は、逆説的に人口や衛生など問題が山積していたからだともいえる。

完成した御堂筋。

1914（大正3）年、第6代大阪市長の池上四郎[*2]は東京高等商業学校（現・一橋大学）の教授で社会政策、都市計画の専門家であった関一を助役に迎え入れ、抜本的な改善に取り組む。関一はシティプランニングを「都市計画」と最初に訳したとも言われている。

大阪市は、都心部の住環境や交通網の悪化を改良するため、1917（大正6）年に関一を委員長として都市改良計画調査会を発足、1918（大正7）年には大阪市区改正部（後の都市計画部）を設置し、大阪市区改正設計をとりまとめる。

関は市区改正実施のための大阪市街改良法を草案。それが反映され、1919（大正8）年に都市計画法、市街地建築物法（現在の建築基準法）が公布。翌年、大阪を含む六大都市に適用され、本格的な都市計画の始まりとなった。

法整備が整った結果、1921（大正10）年、第一次大阪都市計画事業が内閣から認可を受けた。1924（大正13）年、関東大震災の影響により、修正案である更正第一次都市計画事業が認可を受け、街路や橋梁などの交通網が刷新されていく。

1925（大正14）年の第二次市域拡張から始まる「大大阪」と呼ばれた時代は、人口200万人以上になり、東京を超え世界6位の大都市となった。1935（昭和10）年、関は在職中に死去。1937（昭和12）年の日中戦争以降、戦時体制に移行していきその繁栄は終焉するが、先駆的な都市計画は戦後になって実現されたものも多い。

＊1 関一
（せき・はじめ、1873-1935）
第7代大阪市長。東京高等商業学校（現・一橋大学）を代表する社会政策学者であったが、1914（大正3）年に教授職を辞して大阪市助役に就任。後に市長となり大大阪時代を牽引した。実務とともに都市政策論を積極的に発表。日本の近代的な都市計画論を発展させた。

＊2 池上四郎
（いけがみ・しろう、1857-1929）
第6代大阪市長。1923（大正2年）に大阪市長に就任。市営事業の新設・整理・展開など大阪の近代都市化の火付け役となる。代表的な業績として、御堂筋拡張の立案、公共施設の整備、電気軌道・電気供給事業などの新設が挙げられる。

1章 Chapter 1
1945–1954
（占領下、戦後復興期）
(The occupation of GHQ and the post-war reconstruction

1945（昭和20）年に戦争は終結したが、都市機能は麻痺し、相次ぐ空襲が大阪の街並みを破壊した。大阪の戦後の建築は、都市の本格的な再建に向けた体制が整うより前に、大衆が集いひとときの喜びを共有する、大規模な集客施設の建設から再開する。そして1950（昭和25）年に建築基準法が制定され、本格的なビル建設が始まると、大阪駅前にいち早く、日本初の12階建ビルが誕生した。

↑大小2つの円を重ねたシンプルな形状。

←1967年（昭和42）年の道頓堀界隈。右下に見えるドームが「メトロ」（3代目）。中央の大屋根が「富士」。その大きさがよくわかる。

メトロ（2代目）

キャバレーから始まる都市の戦後復興

工事中の2代目メトロ。木造の梁でドーム屋根を構成している。

都市の戦後復興は、ある意味盛り場から始まったともいえる。その足がかりをつくったのが、いわゆる進駐軍キャバレーだ。国は終戦間もなく各府県に対して占領軍の慰安施設の設置を打診、大阪府知事の要請に応じて戦前のキャバレー関係者が集まり、早くも1945（昭和20）年9月に「歌舞伎」がオープンした。場所は千日前の歌舞伎座（のちの千日デパート）の7・8階だった。その後12月には心斎橋のそごうに「富士」が開館するなど、1947（昭和22）年までに大阪府では7店舗が設けられた（「富士」はそごう自体が接収されてPXとなったため翌年に閉店）。進駐軍キャバレー自体は長く続かなかったが、ミナミから大阪社交業界復興の気運が高まり、1946（昭和21）年10月に道頓堀の「赤玉会館」が先陣を切った。政府が次々と打ち出す経済的な制限令にも関わらず出店は相次ぎ、1947（昭和22）年、宗右衛門町にメトロがオープンする。仕掛けたのは日本のキャバレー王と言われた榎本正。円形ホールを覆う高さ20メートルを超えるドームは何と木造で、収容人数は500名を誇った。実はこのメトロは2代目で、戦前の1936（昭和11）年に吹き抜けの中央に大噴水を設けた初代メトロを世に送り出していたが、戦災で焼失していた。さらに2代目も貰い火で1949（昭和24）年に全焼。この時期、電気関連など十分な資材がなく、防火対策も甘かったキャバレーが、相次いで火事に見舞われた。

しかしキャバレー王は三度復活し、1950（昭和25）年12月に「東洋一」と世間の話題をさらった超弩級の「メトロ」を再建、収容人数は1000名、在籍のホステスなどスタッフも1000名を数えたといわれ、中央の円形大ホールでは毎夜豪華なショーが繰り広げられて、観光バスが乗りつけるほどの大阪名所となった。

その後1953（昭和28）年、宗右衛門町の同じ通りに「富士」が続き、そして1956（昭和31）年にあの「ユニバース」が千日前にオープン、超大型キャバレー時代となって高度経済成長期のミナミを盛り上げた。そのメトロも1991（平成3）年に閉店し、跡地はホテルとなっている。富士も今はなく、ユニバースは建物だけが残って、近年新たな注目が集まっている。【現存せず】

建設地＝大阪市中央区宗右衛門町／建設年＝1947（昭和22）年7月／構造・規模＝木造及び鉄骨造2階／設計＝木村組／施工＝木村組

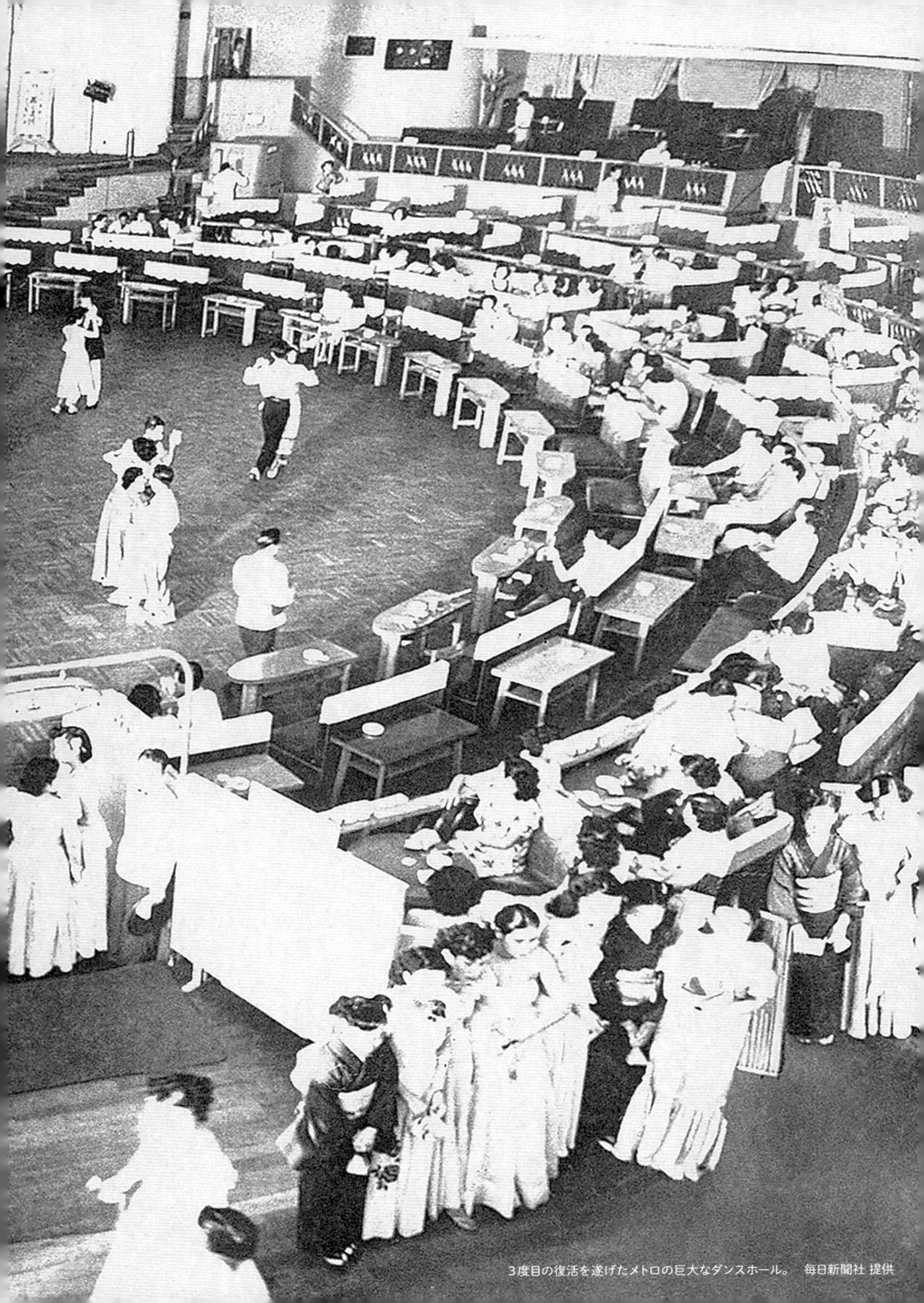

3度目の復活を遂げたメトロの巨大なダンスホール。　毎日新聞社 提供

東京
二十余名編成大挙来阪

↑1965(昭和40)年の中座前。この頃はまだ芝居の街の風情を残していた。

→完成間近の中座。突き出た櫓がよく目立つ。

中座

道頓堀五座・芝居の街の再生

派手な看板群が大阪のアイコンとなり、国内外の観光客が必ず訪れる食い倒れの道頓堀は、長らく芝居で栄えてきた場所だ。江戸時代に商人の安井道頓らが堀川を開削し、地域の振興策として、１６２６（寛永３）年に芝居小屋を道頓堀の南岸に誘致したのがその始まり。江戸後期には道頓堀五座と称され、大正時代に入ってからも戎橋から日本橋までの４００メートル間に、西から浪花座、中座、角座、朝日座、そして弁天座が並んでいた。劇場正面に高く掲げられた櫓が舞台の格を誇示し、通りに掛け渡された小旗の折り重なる風景が、当時の道頓堀のイメージだった。

再建工事の進む中座。人通りはあるが盛り場の賑わいはまだ見られない。

中座は古くから「中の芝居」と呼ばれ、江戸時代から角座とならんで大阪を代表する劇場として、一流の役者が出演し、１９２０（大正9）年には大改装されて初代中村鴈治郎の拠点となった。

しかし第二次世界大戦の大阪空襲によって辺りは焦土と化し、後発だった松竹座は鉄骨鉄筋コンクリート造で焼失を免れたものの、五座は全て失われてしまう。大正時代に五座は全て松竹の経営するところとなっていたが、創業者の一人であった白井松次郎は、「五座の櫓を復興せねば市民文化の中心であり三百年の伝統に対しても申訳けの無い次第」と、採算を度外視して劇場の復興を実施、１９４６（昭和21）年10月にはいち早く浪花座を復活、角座に続けて中座も相次いで再建し、１９４８（昭和23）年1月に興行を再開した。

松竹新喜劇が中座で旗揚げをし、以後藤山寛美を看板に新喜劇のホームグラウンドとして親しまれたが、流行の変化に伴い他の劇場が早々に映画館や演芸場へと変わるなか、中座も１９９９（平成11）年に閉館となった。

この建物の解体工事中に、ガス爆発が発生して隣接していた法善寺横丁が被害を受けたことは記憶に新しい。現在、跡地には中座くいだおれビルという商業ビルが建ち、その名だけが残っている。

【現存せず】

建設地＝大阪市中央区道頓堀1／建設年＝1947（昭和22）年11月／構造・規模＝SRC造及びRC造3階、地階／設計＝木村組／施工＝木村組

馬蹄形のスタンドが観客で埋まった大阪プール。

1950（昭和25）年8月に開催された水上競技大会に訪れた市民の群れ。

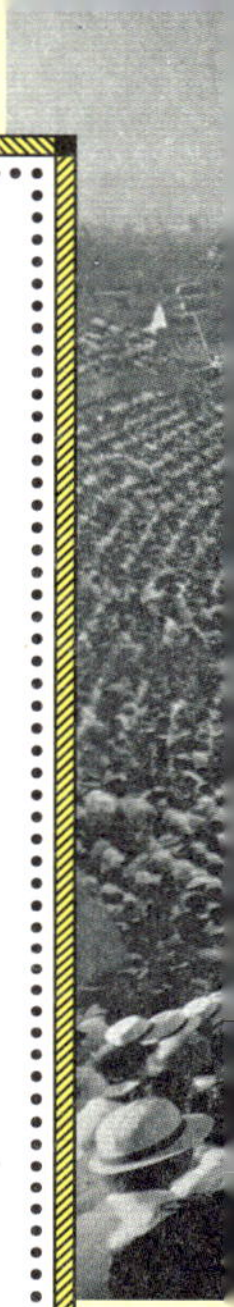

大阪プール

世界一を謳うプール、扇町公園に完成！

1950（昭和25）年、大きな話題となったのが大阪プールの完成だった。この年、日米濠国際選手権水上競技大会の開催にあわせ、扇町公園にプール新設が決まった。扇町公園にはそれまでも、正規の25メートルプールと遠浅の海岸になぞらえた子ども用特別プールがあったが、国際的な競技大会開催に適応させるため、勢い世界一のプール建設となった。しかし、競技大会の大阪開催の話が持ち込まれたのが同年2月、4月1日に着工し、7月31日に完成させるまさに「突貫工事で工事場は全く戦場のような活況を展開し各関係者にとって実に察し難い苦労があった」（『建築と社会』昭和25年11月号）という。

鉄筋コンクリートで造形された高飛込台。

競技場は2万人を収容し、競泳プールは長さ50メートル、幅25メートル、水深は1.5~2メートルの規模、飛込プールは鉄筋コンクリート造の高飛込台を備えていた。周辺のランドスケープも「高さ十米にも及ぶ数十本の銀杏並木が涼しそうな緑陰をつくっている。市民は勿論、都会の街路樹には珍しい大木が外来客にもきっと好印象を与えることだらう」（『大阪人』昭和25年8月号）という力の入れようだった。

8月12・13日に開催された競技大会は、古橋廣之進選手らの活躍に熱狂し「世界一を誇る大プールに、これ又世界的名選手を多数迎え、夕闇につつまれた競技場は、さながら感激と興奮の坩堝と化し」（『大阪人』昭和25年9月号）大成功をおさめた。大会終了後、プールは一般市民に開放され賑わったのはもちろん、夏期以外にはテニスコートや相撲場などにも使われ、一大スポーツゾーンとなった。

大阪プールは1997（平成9）年、なみはや国体開催に向け、港区八幡屋《やはたや》公園に新築・移転している。（S）【現存せず】

建設地=大阪市北区扇町1／建設年=1950（昭和25）年7月／構造・規模=［スタンド］RC造、高さ17m、幅25m、延長200m／設計=［スタンド］大阪市建築局営繕課・［プール］大阪市土木局緑地課／施工=鴻池組

1959（昭和34）頃の難波周辺。大阪球場の左に見えるのは旧大阪府立体育館。

大阪球場

米国が後押しした、南海悲願のスポーツと文化の殿堂

終戦からわずか100日でプロ野球が東西戦というかたちで開催され、翌年にはリーグ戦が復活、福岡ソフトバンクホークスの前々身である南海ホークスは、2リーグ制が発足するまでの8球団時代、1946(昭和21)年と1948(昭和23)年に優勝を飾る。しかしホークスは拠点となるフランチャイズ球場がない状況で、南海は戦前、南海高野線沿線に「中モズ球場」を建設したものの、駅から遠く交通が不便で、公式戦にはあまり使われていなかった。

そこで南海電鉄では、プロ野球隆盛の機運に乗って本格的な野球場を建設し、大阪復興の契機にしようとの構想が生まれ、ちょうど戦災で廃墟となっていた南海難波駅の南隣に広がる専売局のたばこ工場跡地、約1万2千坪が売却されるとの情報を得る。しかし当時は日本全体が物資に乏しく、圧倒的な住宅不足のなか、不要不急の建設工事は政府によって大きく制限されていた。そのような状況にあって球場が実現した背景には、米国野球協会の日本委員長を務めていたGHQのW・F・マーカット少将によって、「青少年健全育成のためなら、球場建設の資材を割り当てていい」との後押しがあったという。

設計は南海電鉄の技術部門から示された詳細な仕様に基づき竹中工務店が担い、難波駅に面した内野スタンドのファサードデザインを、坂倉準三《さかくらじゅんぞう》が担当した。坂倉は20世紀建築界の巨匠であるフランスのル・コルビュジエのもとで修行した日本の建築界をリードした建築家で、まだ確立されていなかったプレキャストコンクリートの手法を用いて、軽快な格子パターンによる清廉なモダニズム建築を生みだした。

大阪球場が戦前の他の野球場と大きく異なるのは、スタンド下の空間を多目的に活用展開したことだ。「青少年の健全育成」という理念のもと、ビリヤード場やインドアゴルフ場、そして料理教室や専門学校などからなる文化会館を設け、隣接地には卓球場やアイススケート場、プールを配するなど、エリア全体を「スポーツと文化の殿堂」として整備した。【現存せず】

現場で制作された型枠でつくられた、PCコンクリートの先駆けともいえる格子のユニット。

建設地=大阪市浪速区難波中2／建設年=1950(昭和25)年9月／構造・規模=[内野スタンド]RC造5階・[外野スタンド]無筋コンクリート擁壁に盛土／設計=[企画]南海電気鉄道・[設計]竹中工務店・[ファサード設計]坂倉準三建築研究所／施工=間組

竣工当時の大阪球場正面。低層部にさまざまな文化施設が収容された。

丹頂チック

大阪大空襲

市内の3分1を焼き尽くした、計画的な都市破壊

大阪では、1944(昭和19)年12月19日に、中内郡《なかうちぐん》三宅村《みやけむら》(現・松原市)と瓜破村《うりわりむら》(現・平野区)がB29による最初の空襲を受けた。翌年の1945(昭和45)年1月、大阪市阿倍野区に焼夷弾が投下される。

そして、3月10日未明の東京、3月12日未明の名古屋に引き続き、3月13日から3月14日未明にかけて、マリアナ基地(サイパン・テニアン・グアム)から飛び立ったB29、274機によって焼夷弾攻撃が行われた。大阪市中心部21平方キロメートル、13万戸を焦土にした第1次大阪大空襲である。

第21爆撃集団司令官に就いたカーチス・ルメイ少将(後の空軍大将)の、無差別大量焼夷弾攻撃の作戦が実施されたのだ。軍需工場だけではなく、民家を焼き払い、住民を殺傷して戦意を喪失させる戦略であった。

その後、100機以上の「大空襲」は8回に及び、合計約50回の空襲によって、都心部や湾岸の工場地帯は焦土と化した。終戦前日の8月14日の第8次大阪大空襲では、大阪城東側にあったアジア最大規模の軍事工場、大阪砲兵工廠《おおさかほうへいこうしょう》が爆撃されている。そして、空襲によって、大阪市内の27%(被災面積約50平方キロメートル)が焼失し、都市機能が失われたという。

終戦直後の大阪駅前。

戦後作成された、米国戦略爆撃調査団の報告書では、戦前の大阪は日本で最も人口過密で燃えやすいとされており被害が大きかった。報告書にあるように、空襲は計画的に行われ、木造家屋に飛び火するように作られた焼夷弾の効果がもっともあったのが大阪だったということになる。

戦後、外地から復員兵が大阪駅に着いたとき、一面の焼け野原の向こうに難波の高島屋が見えたという。木造建築の大半は焼け、残ったのは戦前の都市計画で作られた御堂筋や地下鉄などの交通インフラや近代建築であった。ここから木造の街からコンクリートの街への変貌が始まる。

闇市

復興の原点。廃墟から自然発生した都市の原形

1945(昭和20)年9月頃から、復員兵目当てに、新聞紙や紙きれの上に、パンやサツマイモなどを並べて売り出すことから、大阪の闇市は始まったと言われている。そして、大阪駅前や鶴橋、難波、天王寺など、ターミナル付駅近を中心に各地に広がってく。4、5か月の間に大阪市内で40数か所、商人は5万人を数えたという。闇市には、食料品、衣料品、嗜好品、生活雑貨、さらには盗品や旧日本軍の隠匿物資、占領軍の横流し品に至るまで何でも揃った。特に大阪駅前の後の「ダイヤモンド地区」の闇市は、都心の一等地にあったことから、商人や買い物客が急激に膨れ上がり、そのスケールは「日本一の梅田闇市」と言われた。

闇市とは言葉のとおり、無許可の市場である。そこでは、公有地と私有地の区別なく不法占拠が多く、犯罪も多発した。また、値段は公定価格の数倍から数10倍を超えるものもあった。しかし、生活必需品は未だ統制下にあり、配給量は少なく、一般の人々も闇市を利用せざるを得なかった。

当時、家財や着物を竹の子のように、一枚一枚、食料や生活必需品に交換する日々は、「タケノコ生活」と称された。しかし、1946年(昭和21)年8月1日、大阪府下全92か所の闇市は、連合国軍総司令部(GHQ)の協力を受けて警察によって閉鎖される。

終戦直後の大阪駅前闇市。　産経新聞社 提供

しかし、闇市の痕跡は、鶴橋などに今でも見られる。駅周辺には当時の街区や路地が残り、多くの店舗が集積している。「鶴橋商店街」は、約3000人の露天商が集まり自然発生した闇市を起源とし、1947(昭和22)年に「鶴橋国際商店連盟」として組織化された。往時の民衆の活況が想像でき、行政や大企業による都市計画ではない原始的な姿を留めている貴重な存在であろう。

近代建築の接収

焼け残った都市の栄華。占領された大大阪のシンボル

連合国軍の大阪への本格的な進駐は、１９４５（昭和20）年9月27日である。アメリカ軍第6軍第1軍団の第98師団の主力1万人が進駐し、翌春には第25師団が駐留した。同時に進駐軍は多くの建築・施設を接収していく。

司令部は当初、住友本社ビルに置かれビルの屋上には星条旗が翻った。しかし、住友本社ビルは、設計を担当した建築家、竹腰建造*（後の日建設計を創業）が「金融機関の業務を止めるとパニックを起こす」と折衝を行い、5、6階のみに限定され、全面接収を免れた。司令部は翌年、日本生命ビルに移転する。

明治から昭和初期に作られた近代建築の多くは焼け残ったが、ほとんどが進駐軍に接収される。軍政機関用に接収された主要な建築は、朝日ビル、石原産業ビル、安田ビル、綿業会館、中央電気倶楽部、大阪中央郵便局などである。

宿舎用には、新大阪ホテル、ガスビルなど。病院用には、大阪商科大学（現・大阪市立大学）、日赤病院、北野病院など。さらに、北野劇場は米軍専用映画館、大阪証券取引所はダンスホールと体操施設、歌舞伎座は専用キャバレーになったほか、そごう百貨店はＰＸ（軍人・軍属用の物品販売所）として接収された。それらは、進駐軍の求めに応じて、改修や増設、メンテナンスが行われ、この時期ほとんど工事がなかった建設業界が担当することになった。

さらに、高級将校や妻帯軍人用に高級住宅が選ばれ、大阪市内では帝塚山一帯、上本町6丁目付近、周辺部では上野芝、箕面、雲雀丘《ひばりがおか》、仁川、芦屋、鳴尾など、１００戸以上接収され、アメリカ本土並みの設備への改修を要求された。

つまり、中心部の木造家屋は空襲によって一掃され、「大大阪時代」に近代化したビルや住宅街は、そのまま進駐軍に占領されることになったのだ。メインストリートであった御堂筋も、ライトニング・ブルーバード（いなずま通り）と呼ばれた。１９５１（昭和26）年、サンフランシスコ講和条約が調印、翌年、ＧＨＱが廃止されるまで、進駐軍による接収は続く。

＊ 竹腰健造
（たけこし・けんぞう、1888-1981）
建築家。1900（明治33）年設立の住友本店臨時建築部が解体する際に一部従業員を移籍する形で長谷部鋭吉と共に独立、後の日建設計である長谷部竹越建築事務所を創業した。代表作に「住友ビルディング」（1926）、「大阪証券取引所」（1935）など。

復興都市計画

国に先んじた、戦後大阪のマスタープラン

大阪市は終戦翌月の9月に防衛局から復興局に改変。後に戦後最初の公職市長となる近藤博夫[*1]を含む、専門委員会を立ち上げ、戦災復興基本計画を策定している。大阪の復興都市計画は、市人口の250万人への抑制（戦前の最大人口325万人）、大阪湾を中心に中小工業による経済復興を目標とした。特に空襲で露呈した耐火性の低い都市の不燃化は必須であった。

そして、幅員80メートルの築港深江線などの新設・拡幅64路線の街路計画、延長36キロメートルの幹線道路の整備、対象面積61・1平方キロメートルの土地区画整理事業、大阪城公園など合計108か所3・1平方キロメートルの公園計画などが検討された。

さらに都心部から地下鉄網の拡充、これに連絡する国鉄環状線計画を含む交通計画、安治川・尻無川の拡幅による内港化なども含まれた意欲的なものであり、戦後大阪が独自制定したマスタープランであったといえよう。

大阪市土木局校閲の復興大阪都市計畫地図。

政府は1945（昭和20）年11月、戦災復興院を設け、初代総長に阪急東宝グループの創業者、小林一三[*2]が就任した（後に公職追放のため辞職）。12月には「戦災地復興計画基本方針」が定められ、土地区画整理事業が復興計画の主体とされた。大都市では幅員50メートル以上の幹線街路の建設、市街地面積の10％以上の緑地確保、市街地外周部における緑地帯の設置など、過大な都市化の抑制が打ち出されている。ちなみに、小林は、就任前から独自の大阪復興私案「縮小『大阪市』設計要綱」を発表しており、今日のコンパクトシティを予見している。

「戦災地復興計画基本方針」に基づいて、1946年（昭和21）年に特別都市計画法が公布され、戦災復興土地区画整理事業が開始された。しかし、1949（昭和24）年には政府によって財政緊迫による、計画の縮小が決定され、大阪でも街路面積や土地区画整理事業の変更・縮小が行われた。とはいえ、その計画は戦後の大阪の都市の骨格となっている。

＊1 近藤博夫
（こんどう・ひろお、1888-1966）
第11代大阪市長。大林組顧問や大阪市土木課長・港湾部長などを務めた技術者であり、1947（昭和22）年大阪市市長選挙にて日本社会党公認で出馬・選出された。戦後初の公選市長であり、GHQによる地方自治改革を背景に大阪の戦災復興を推進した。

＊2 小林一三
（こばやし・いちぞう、1873-1957）
実業家、政治家。阪急東宝グループ（現・阪急阪神東宝グループ）の創業者。元商工大臣、初代戦災復興院総裁。1907（明治40）年に箕面有馬電気軌道（元阪急電鉄）創立に参加。鉄道沿線に百貨店、住宅地、保養地など作り一体経営する、私鉄経営のモデルや日本の田園都市、郊外住宅開発の礎を作った。

鋭角な三角形の敷地に屹立する阪急航空ビル。

阪急航空ビル

戦後復興を告げる高さ31メートルの高層ビル

まるで1920〜30年代のアール・デコ建築を思わせる曲面が特徴的な外観。1階をピロティ、2〜8階を壁面ラインに近づけた彫の浅い縦長窓の連続、そして最上階は外部にせりだした印象的な水平連続窓とする三層構成も、戦前の様式建築の雰囲気をただよわせている。コーナーを飾る〝JAL〟〝SAS〟〝TWA〟といった航空会社の横文字の看板が終戦後間もない時期の米英文化の影響を色濃く感じさせる。

戦局の影響で、地上1階でやむなく完成となったときの外観。

現在は1980年（昭和55）年に建設されたナビオ阪急（現HEP NAVIO）が建っている、鋭角な敷地に完成したこのビルは、大阪における戦後最初の高層建築として、ビルブームを牽引したものだった。戦前のアール・デコのイメージをひくのには、敷地形状以外にも理由があった。

この建物は1939（昭和14）年に梅田会館として地上8階、地下2階の規模で、食堂、グリル、喫茶、クラブ等として着工されたが、当時の鉄鋼制限のため地上1階までその計画が止まってしまった。そして「今度の増築工事はそれの地上1階をそのままとして2階よりの階高をきりつめて9階建とし以前より1階分の床面積の増加をはかりました」（『建築と社会』昭和26年11月号）という。戦前の計画を継承し、建築基準法の高さ制限31メートルの範囲で1フロア分増して完成したものだ。その分、天井高は低くなったが、それでも当時優良なオフィスビルが少なく、スペックの高い最新建築として脚光を集めた。

デザイン性の高さとあわせ、戦後大阪の繁栄の始まりを告げる作品としても、注目したい建築である。（S）【現存せず】

工事中の屋上からの眺め。

建設地＝大阪市北区角田町／建設年＝1951（昭和26）年8月／構造・規模＝SRC・RC造9階、地下2階／設計＝竹中工務店（小川正）／施工＝竹中工務店

↑シンプルな白い外観を東横堀川に映す増築（1958年）後の国際見本市会館。

→川側に向けて設けられた、当初完成時のシンプルな玄関の車寄せ。

国際見本市会館

国際都市への足掛かり、産業界の拠点に完成

戦後大阪の経済復興のシンボルとして、1951(昭和26)年に国際見本市会館が完成、その翌年にはこけら落としとして、大阪らしく繊維初市が開催された。ホテルと展示場を兼ね備えた貿易振興の殿堂は、関西産業界の悲願であり、1954(昭和29)年には日本初となる大規模な国際見本市が開催された。国際的に通用するホテルとしては、中之島に新大阪ホテルがあったものの、当時GHQに接収されており、わずか50室しかない客室は海外のバイヤーに重宝されたという。その後1958(昭和33)年には北側を増築して客室数は128室へと拡張、さらに大阪万博が決まり受入体制の大幅増強が求められ、今度は南側を増築して1970(昭和45)年1月に客室総数394室の大型ホテルとなった。その間、ホテルの名称も開業時の「国際見本市会館ホテル」から、「国際見本市ホテル」を経て「コクサイホテル」、そして1968(昭和43)年には「大阪コクサイホテル」へと変更されている。

大阪市内にある現役最古の橋、東横堀川の本町橋東詰に位置するこの街区は、大阪の近代史上極めて重要な地で、商工業に加えて文化と政治の孵卵器《ふらんき》、インキュベーターであり続けた。江戸時代に西町奉行所が置かれたこの地の屋敷は、明治になって初代の大阪府庁となる。1874(明治7)年に府庁が西の江之子島に移転した翌年には、府立大阪博物場へと転用され、商品展示機能の他に美術館や図書館、動物園などが整備されて、一大産業文化施設となって多くの市民が訪れた。その後、堂島にあった大阪府立商品陳列所が北の大火で類焼したことを受け、1917(大正6)年に原爆ドームの設計者であるヤン・レッチェルの設計により、東横堀川に正面を向けた古典様式の近代建築がこの地に再建され、1930(昭和5)年に大阪府立貿易館へと改称された。その機能を大幅に拡大するようにして、戦前に計画されたのが国際見本市会館だったが、戦争によって2階の鉄骨まで組み上がった時点で工事は中断を余儀なくされ、戦後の再計画によってようやく完成へとこぎ着けた。

1968(昭和43)年には大阪商工会議所が東隣に移転し、1987(昭和62)年にはマイドームおさかが建設されて3者間の連携が図られる。国際見本市会館も高層ホテルへの建て替えが持ち上がったが、バブル崩壊によって計画は頓挫、2006(平成18)年にシティプラザ大阪が建てられて今に至る。【現存せず】

建設地=大阪市中央区本町橋/建設年=1951(昭和26)年10月(第1期)/構造・規模=SRC造7階、地下2階/設計=大阪府建築部営繕課/施工=大林組

華奢な鉄骨を透かして奥に堺筋、御堂筋方面の高層ビル群が見える。

↑国道２号線にわずかに接道して屹立する白亜のビル。後に塔屋にはニュースを伝える電光掲示板が設けられた。

←西梅田に広がる木造密集市街地で始まった工事現場の様子。奥に中之島界隈の高層ビル群が見える。

大阪産経会館

新聞メディアがリードした、文化としての建築

建築基準法の１９５０（昭和25）年11月23日施行を受け、戦後いち早く民間企業によって新築された大型建築。産業経済新聞（現在の産経新聞）と大阪新聞を発刊する、印刷所を備えた新聞社の本社ビルとして建てられた。客席数１５００を誇る本格的なホール、文化センター、貸事務室、食堂とパーラーなどからなる複合ビルで、戦前の中之島に同じく竹中工務店によって実現した朝日ビルディング同様、メディアとして、その存在自体が常に最先端の情報を発信する、一大文化拠点となることが目指された。

大阪駅前の桜橋交差点の西、北隣にまだ梅田入堀の残る敷地は、桜橋ガーデン遊園地のあった場所で、敷地南側の国道２号線にわずか18メートルほどしか接道しないという困難な条件のなか、竹中設計部の小川正《おがわただし》は、不整形な敷地に自動車動線を含めた複雑な与条件を見事にまとめ上げてみせた。小川は大大阪時代に住友合資会社工作部に所属して活躍した建築家・小川安一郎《おがわやすいちろう》を父にもち、１９５３（昭和28）年からおよそ10年間竹中の設計部長を務めた建築家で、高度経済成長期の大阪の都市建築に大きな足跡を残した。特に劇場やオフィス、ホテルなどを複合させた都心の「マンモスビル」を多く手がけている。

大阪駅前にはまだ戦後のバラックが建ち並ぶなか、T字型にそびえる最高高さ45メートルのモダンな文化の殿堂は、多くの人々に大阪の復興を印象づけた。竣工式に引き続き催された開館式の記念講演において、９階に入居する米総領事館のマーフィー米国大使は、「大阪の中心に位するこの見事な建築は、（中略）戦争の惨害に対する勝利の象徴」と述べたという。続いてオーケストラの演奏ができる本格的なホールを当時の前田久吉社長に直訴した朝比奈隆の指揮によって、関西交響楽団の演奏が披露された。

その後、大阪産経会館から大阪サンケイホールへと名称を変え、数え切れない名演が繰り広げられてきたが、２００５（平成17）年に閉館、跡地には超高層ビルのブリーゼタワーが建ち、その伝統はサンケイホールブリーゼへと引き継がれている。【現存せず】

国道２号線を西に見た街並み。北側すぐに堂島川と接続する梅田の入堀が広がっていた。

建設地＝大阪府大阪市北区梅田２／建設年＝１９５２（昭和27）年７月／構造・規模＝［本館］ＳＲＣ造９階、地下１階・［別館］ＲＣ造４階／設計＝竹中工務店（小川正）／施工＝竹中工務店

大阪駅の正面に、敷地いっぱいに建てられた第一生命ビル。
外壁には水色のタイルが貼られていた。

第一生命ビルディング

日本初！12階建ビルが大阪駅前に堂々完成

9階建で完成を目指す工事中の第一生命ビル。
右奥に戦前に完成した大阪中央郵便局が見える。

1953（昭和28）年、大阪駅の目の前に完成した第一生命ビルは、大阪のみならず、日本の建築界にとって画期的な出来事だった。それは日本で初めて12階の建築が実現したということ。建築基準法の前身である市街地建築物法の時代から、日本では建築の高さは100尺、最高31メートルに制限されてきた。階数にすると8階、天井を低く設計しても9階が限度だ。絶対高さ制限は戦後の建築基準法にもそのまま引き継がれたが、法文には例外規定が設けられていて、特定行政庁の特別な許可を得れば、絶対高さを超えられるようになっていた。

高層ビルの実現は建て主の第一生命のみならず、許認可を与える行政側も強く求めるところだった。大阪駅前は戦前から低層の木造建築が無計画に建ち並び、戦後も焼け跡にバラックが建って闇市が広がるような状況だった。大阪では昭和のはじめから駅前を大都市・大阪の玄関にふさわしい高層建築地帯にすべく、都市計画によって整備を進め、1936（昭和11）年には全国に先駆けて高度地区制度を採用して、大阪駅前エリアに建物の高さの「最低限度」を定めた。

しかしプロジェクトの推進は一筋縄ではいかなかった。1951（昭和26年）年6月に大阪府が設けた専門家による懇談会では、高さ制限を適用除外する方向で議論が進められたが、10月には深刻なインフレを抜け出すべく政府が大規模建築の抑制策を打ち出し、それが大きな障害となった。結局、特例が下りないまま建設工事は進められ、制限内の高さ31メートル、9階建でいったん完成させるという事態に至り、その開館式の前日になって、高さ制限緩和の正式な許可が下りた。引き続き増築が行われ、その翌年にようやく計画当初の12階建がお目見えした。そのどこよりも高い景色を活かして、ビアガーデンが開かれ人気を博したという。1990（平成2）年に建て替えられ、現在は大阪第一生命ビルディングとなっている。

【現存せず】

建設地＝大阪府大阪市北区梅田1／**建設年**＝［1期］1952（昭和27）年11月・［2期］1953（昭和28）年5月／**構造・規模**＝［本館］SRC造12階、地下3階・［別館］RC造4階／**設計**＝第一生命ビルディング管理部／**施工**＝竹中工務店

ジェーン台風と災害対策

地盤沈下に流れ込んだ高潮との戦い

ジェーン台風による浸水被害。

1945(昭和20)年に襲った枕崎台風、1946(昭和21)年の昭和南海大地震、1950(昭和25)年9月3日のジェーン台風など、立て続けに災害が起きたことも戦後の都市計画に大きな影響を及ぼした。

特に、ジェーン台風(台風28号)は、1935(昭和9)年の室戸台風に匹敵する大災害となった。瞬間最大風速大阪50メートル、中心気圧940ヘクトパスカルという超大型台風であり、死者・行方不明者539人、住家全壊は1万9131棟にのぼった。

降雨量は多くはなかったが、強風の影響で、台風上陸前夜に阪神沿岸に高潮が起こり、大阪湾で潮位3・85メートルに達する。枕崎台風の際に出た高潮被害の対策として、3メートルから3・5メートル、総延長約50キロの防潮堤が築かれていたが、高潮がその高さを乗り越えて流れ込み、西大阪一帯61・2平方キロが浸水した。

戦後復興途上で防潮対策が不完全であったり、建物が脆弱であったり、戦前からの工事による地下水の汲み上げによる地盤沈下も被害を大きくした原因となった。1950(昭和25)年度の後半から、府・市の高潮対策事業として防潮堤が新たに建設され、1958年(昭和33年)に完了する。しかし、工業の活性化により地盤沈下は再び進行し、高潮対策は地盤沈下対策と併せてさまざまな形で継続される。地盤沈下が収まるのは高度経済成長期の終わり近い1971(昭和46)年頃となる。

戦後の都市や建築は、耐震・耐火に加え、防潮にも力が割かれ、水辺から遠ざかる。近年の水辺の復権は戦後の防潮対策の成果といえよう。

大阪湾の復興計画

復興から万博まで。新しい海の玄関口

戦争により破壊された大阪湾は、1947年（昭和22）年に大阪港復興計画が策定され、大阪湾修築10か年工事が始まった。特に安治川の内港化は、当初、大阪の復興都市計画にも含まれていた。そして、昭和30年代には、安治川左岸の岸壁、対岸の桜島岸壁、梅町岸壁、石炭を扱う北港の岸壁が完成している。

1965（昭和40）年には、安治川突堤北岸壁が完成、弁天埠頭として客席ターミナルを開業、18年の歳月をかけて安治川内港が完成した。これによって、近代施設を整えた外国貿易埠頭、国内貿易埠頭、瀬戸内海最大の客船ターミナルが完備された。

なかでも、1955（昭和30）年に完成した、安治川南岸のサイロ岸壁は、その形態から異彩を放っていた。バラ穀物荷揚げ用のサイロ施設の貯蔵ビンの容量は当初1万2500トンを誇った。

また、1958（昭和33）年7月には、南港開発造成事業が着手された。大和川河口に至る水面約1048ヘクタールを埋め立てる計画で、国内のハブポートや世界各地を結ぶ国際航路などが整備されていく。同時に、100ヘクタールの住宅地区が作られ、1万戸の住宅と生活関連施設を一体化した4万人のまちづくりが行われる。

1974（昭和49年）年7月には、南港と港区をつなぐ港大橋が完成する。北港の埋め立て工事は、現在も続いており、夢洲は2008年の大阪オリンピックの誘致に失敗したが、2025年に開催される大阪万博の会場に決定。さらに、統合型リゾート（IR）の誘致先としても、新たな夢を描いている。

安治川河口で異彩を放つサイロ（穀物貯蔵庫）。　毎日新聞社 提供

公営住宅

住宅不足を解消せよ。バス住宅から団地へ

絨毯爆撃により焦土と化した大阪では、圧倒的に住宅が不足することとなった。焼跡には、寄せ集めで作ったバラックが立ち並んだ。冬を前に家がない戦災者や引揚者も多く、緊急処置とし、仮設住宅が建設された。しかし、1棟4戸建の共同住宅は、7坪程度の、床は板張り、上敷き置いた粗末なもので「越冬住宅」と言われた。

その他、旧兵舎や寮、学校、バスなどを転用した転用住宅が建設された。特に、木炭バスの廃車を利用したバス住宅も、大阪市の経営する市営住宅の1つであり、毛馬住宅、城北バス住宅があった。城北バス住宅は、1951(昭和26)年に廃止となったが、毛馬住宅は1955(昭和30)年まで10年余りも存在し、異観を放っていたという。

1950(昭和25)年、住宅金融公庫法が施行され、中間所得者層の個人住宅の建設に公的援助が行われるようになった。しかし、地方自治体が公庫から直接融資を得ることができないので、1950(昭和25)年に、(財)大阪府住宅協会、1951(昭和26)年に(財)大阪市住宅協会が設立された。

1950(昭和25)年度には、大阪市住宅協会によって難波宮跡付近に法円坂団地の建設が開始される。第5期団地は地上8階地下1階、1棟112戸の規模の市内最初の高層住宅となり、マンモス住宅と呼ばれた。さらに、大阪市住宅協会は、高層住宅と並び、店舗や事務所、公設市場との「併存住宅」を建設する。特に1954(昭和29)年度に建設が開始された西区の川口ビルは、地階に店舗、1、2階に事務所、3~5階に82戸の専用住宅を配置する併存住宅の最初の試みとして注目された。

そして、1951(昭和26)年には、公営住宅法が施行され、国庫補助による賃貸庶民住宅の建設事業の法整備が進み、数多くの公営団地が作られるようになった。1953(昭和28)年度には、城東区古一の一角の軍用跡地に大規模開発の総合団地モデルとなる古市中団地の建設が開始された。

設計は、東大の吉武泰水[*1]研究室が作成した原案を基に、公営住宅の標準設計「51C」を策定した久米健九郎[*2]であり、ダイニングキッチン(DK)が初めて採用された。大規模団地は千里ニュータウンなどに引き継がれ、大阪は住宅においてもさまざまなモデルを作っていくことになる。

***1 吉武泰水**
(よしたけ・やすみ、1916-2003)
建築家、建築学者。日本の建築計画学の創設者。生活調査から「親子の就寝空間の分離」を導き、ダイニングキッチン、親の寝室・子の寝室からなる2DKの間取りを発表。1951(昭和26)年、東京大学吉武研究室にて、51C型で有名な「公営住宅設計標準」の原案を提唱し、多くの公営住宅に採用された。

***2 久米権九郎**
(くめ・ごんくろう、1895-1965)
建築家。1932年(昭和7)年に久米建築事務所を創設。ドイツシュツットガルト州立工科大学建築科にて久米式耐震木構造を開発し、独立後もブルーノ・タウトの大倉邸設計に助力、集合住宅のプロトタイプとなる住宅団地計画への取り組みなど多方面に活躍した。

高層ビルの建設

新しい都市のシンボル。戦後モダニズム建築の始まり

大阪駅前に建てられた12階建の第一生命ビル。

娯楽に関する建築は制限されていたが、1950(昭和25)年に開場した大阪スタヂアムは、アメリカでも人気のある野球の施設であったため、南海ホークス球団社長らがGHQの経済科学局長マーカット少将に陳情し建設が認められた。球場正面を総ガラス張りにしたモダンなデザイン、総面積6万6000平方メートル、収容人数3万5000人の巨大建築であったが、約8か月の工事で竣工し、「昭和の大阪城」などと言われ復興のシンボルとなった。

同じく1950(昭和25)年には、建築基準法が制定されて、高層ビル建設が活発になる。1951(昭和26)年には、梅田に阪急航空ビル、国際見本市会館、1952(昭和27)年には、サンケイホール、大阪府立体育館が開館した。1953(昭和28)年5月には、大阪駅前に軒高40・75メートル、12階建の第一生命ビルが竣工した。市街地建築法の「百尺規制」が引き継がれ、当時の高さ制限は31メートルであったが、特例許可の規定が活用されビルの高層化に先鞭をつけた。また、大阪で初めて地下2階~3階にモータープールが付けられた。

後に「ダイヤモンド地区」と言われるエリアだが、戦後は闇市が広がり、バラックが建ち並んでいた。南半分は低層の木造建築が名残を留めていたが、第一区と言われる北半分は、戦前の土地区画整理事業によって整備されていたため、ビルの高層化の象徴的エリアとなっていく。

朝鮮特需

沖縄工事で得た、現代の建築技術の獲得

朝鮮特需で公営住宅もバラックから本建築へ。　毎日新聞社 提供

1947（昭和22）年には政府は経済の復興のため傾斜生産方式と言われる、石炭と鉄鋼の重点生産を行い、経済復興していく。しかし、酷いインフレに悩まされることになった。そして、GHQ経済顧問ドッジによる、インフレ・国内消費抑制と輸出振興のための財政金融引締政策、ドッジ・ラインが強行された。その結果、インフレが解消され、経済再建の基礎が築かれたが、多くの中小企業が倒産、失業者が増加した。

しかし、1950（昭和25）年～1953（昭和28）年に、朝鮮戦争が起こり、アメリカ軍への補給物資の支援、破損した戦車や戦闘機の修理などを請け負ったことによる「朝鮮特需」が起こる。それが1954（昭和29）年から始まる神武景気の引き金となり、戦後復興期から高度経済成長期への転換点となった。

大阪の建設業界にとって朝鮮特需はもっと直接的な恩恵があった。アメリカは極東最大の軍事基地として沖縄を急遽、整備増強する必要に迫られた。1950（昭和25）年、日本の業者も工事の参加を許されることになり、大林組、竹中工務店、淺沼組など、大阪の主要な建設会社も進出した。その結果、ブルドーザーなどの最新の重機による土木技術、機械化工法、近代的な工期管理、ジョイントベンチャー方式の採用、さらにアメリカ式の契約・権利義務を習得することになり、建設業界の近代化を飛躍的に進めた。

戦前、欧米視察によって得た最新の知識や技術は、戦時下において停滞することになった。戦後、奇しくも占領下の沖縄で得られるようになり、戦後の大阪の都市建設の基礎となったことは特筆すべきだろう。

2章 Chapter 2
1955–1960（高度経済成長の始まり）
(Beginning of the hight economic growth)

1956（昭和31）年に経済白書が「もはや戦後ではない」と宣言し、日本は高度経済成長期に突入、増大する生産力は中枢機能としてのオフィスビル建設を促し、購買力の向上は商業施設の売場を拡大させていく。都市部の住宅不足に応えて、大規模な団地建設も進められた。都心の高度利用が求められるなか、絶対高さ制限のもとで床は横に広がり、マンモスビル、マンモスアパートが登場した。

竣工直後の通天閣。
1957（昭和32）年に点灯が始まったネオンサインはまだついてない。

通天閣（2代目）

塔博士が手がけた新世界復興のシンボル

大阪のアイコン・通天閣が、新世界の戦後復興のシンボルとして再建された2代目であることはよく知られている。1903（明治36）年に大阪の命運をかけて開催された第5回内国勧業博覧会が成功裏に終わり、大阪市はその跡地利用として東側を天王寺公園へと整備、西側は大都市にふさわしい「模範的娯楽場」を建設すべく、土地を民間に貸与して「新世界」が開発された。花の都パリを思わせる放射線状街路と、ニューヨーク・コニーアイランドの遊園地を参考にしたルナパークが建設され、街のほぼ中央、現在の通天閣から南に30メートルの位置にルナパークのゲートとして、そして新世界のシンボルとして初代の通天閣が建てられた。1912（明治45）年7月のことである。パリの凱旋門にエッフェル塔を載せた奇抜な楼閣は、建築家・設楽貞雄《したらさだお》によって設計された。

第二次世界大戦の大阪大空襲では新世界も被害を受けるが、通天閣は戦災で焼失したわけではない。1943（昭和18）年に足元にあった映画館・大橋座が出火し脚部が延焼したため、解体して鋼材を「献納」したことによって姿を消した。戦後になって地元の有志から「自分たちの手で通天閣を再建しよう」との声があがり、1954年（昭和29）年の名古屋テレビ塔の竣工に刺激を受けるなどして、幾多の困難を乗り越えながら完成までこぎ着けた。

通天閣を設計したのは建築構造の権威、内藤多仲《ないとうたちゅう》で、内藤は名古屋テレビ塔や東京タワー（1958）など数多くの鉄塔を設計した「塔博士」でもあった。そのほとんどは放送のための電波塔だったが、通天閣は純粋な展望塔という点がユニークだ。放射線状街路の中心の道路上空に建設され、八角形から四角へと変形していく塔の上に、大きな展望部分が設けられた。塔自体の高さでは名古屋に適わないので、せめて眺望だけはと1メートル高い地上91メートルに展望台の屋根を架けて日本一を誇った。初代通天閣の復元ではなく、「戦前の通天閣のイメージから脱皮」した新たなデザインを求めたところに、新世界の人々の姿勢がうかがえる。

1970（昭和45）年の大阪万博以降は来館者が減少し、新世界全体も活気を失っていたが、21世紀に入ってからは、逆に時間が止まったかのような独特の街の雰囲気が脚光を浴びて、大阪随一の観光地として賑わいを取り戻した。1966（昭和41）年に通天閣よりも高い展望台をもつ大阪タワーが大淀に開業して以降、相次ぐ超高層タワービルの出現によってもはや高さだけでは自慢にならないが、あの手この手で新企画を繰り出し常に話題を取り込み続けている。目新しさを提供し続けるその「イナタさ」こそ、新世界の神髄といえるだろう。2015（平成27）年、展望タワーとしては珍しい免震改修工事が竹中工務店の設計・施工で行われ、初代通天閣に描かれていた天井画が復刻された。

放射線状街路の交差点で進む地下と基礎工事の様子。

建設地＝大阪府大阪市浪速区恵美須東1／建設年＝1956（昭和31）年10月／構造・規模＝S造、一部SRC造5階、地下1階／設計＝内藤多仲／施工＝奥村組

博覧会場跡地に開発された新世界の全景。東側には大阪市立動物園（現・大阪市天王寺動物園）が広がる。

↑コマ・スタジアムの右に阪急・東宝グループの北野劇場、梅田映画劇場、そして阪急航空ビル（P032）が並ぶ。

➜コマ・スタジアムの全景。左に国鉄（当時）の高架線路、右では1980（昭和55）年に竣工するナビオ阪急の工事が進む。

梅田コマ・スタジアム

小林一三が構想したコマのように回る円形劇場

道頓堀・千日前、そして新世界が芝居と映画の街として賑わいを増すのに対抗するように、阪急東宝グループは、自陣の梅田駅周辺、阪急百貨店の東側の敷地に北野劇場（１９３８）、梅田映画劇場・梅田地下劇場（１９３８）を開業し、戦前からアミューズメントセンターを形成していった。そして戦後、小林一三《こばやしいちぞう》が長らく温めていたアイデアを実行に移す。小林はギリシア・ローマ時代の彫刻文化から、ルネサンス期の絵画文化への移行になぞらえ、劇場も古代ギリシアにおける立体的な円形劇場から、プロセニアムアーチによって縁取られた絵画的な演劇が主流になったと説き、今再び額縁を取り外して、演技者と観客がひとつの空間を共有する立体的な円形劇場を、最新技術をもって復活すべきと考えた。その実現が１９５６（昭和31）年、小林一三が84歳で亡くなる前年に完成した梅田コマ・スタジアムだった。

舞台は3重の円で構成され、それぞれが独立して回転し、かつ上下する。その様子が独楽《こま》を連想させるところから、コマ・スタジアムと名付けられた。設計を担当した竹中工務店の小川正は、前面道路から奥に向かって広がる変形敷地を活かし、道路側に舞台を配置して同心円状に広がる客席を奥に伸ばすことで、２０００名超を収容する大空間を確保した。舞台を2階レベルに持ち上げ、上下する円形舞台の奈落をぐるっと回るようにして地上にアプローチを設けている。道路に対して舞台裏の大きな壁を向けることになったが、敷地の形状に合わせて、くの字に折り曲げるという簡単な操作によって、平板な看板となってしまうことをうまく回避した。併せて1階と地下には、大小2つの映画館が設けられた。

１９５６（昭和31）年11月16日のこけら落としでは、小林自らあいさつに立ち、「コマ・ミュージカル」が演じられ、宝塚歌劇団の雪組やエノケンなどが出演した。40日間に渡った昼夜2回の公演はほぼ満席だったという。続けて同年の12月には、東京に新宿コマ・スタジアムが開業している。

１９９８（平成10）年、世界初のビル一体型観覧車をもつHEP FIVEへと建て替えられたが、梅田コマ劇場の伝統は、阪急村の茶屋町に１９９２（平成４）年に建てられた、アプローズタワーの「劇場・飛天」へと引き継がれた。一度は「梅田コマ劇場」の名称が復活したが、現在は「梅田芸術劇場」となっている。【現存せず】

建設地＝大阪府大阪市北区角田町／建設年＝１９５６（昭和31）年10月／構造・規模＝SRC造5階、地下1階／設計＝竹中工務店（小川正）／施工＝竹中工務店

南海会館

拡大する立体都市としてのターミナルビル

　百貨店ほど増改築の激しい大規模建築もそうないだろう。三越や大丸など、大大阪時代を飾った百貨店のほとんどが何期かの増築を重ねて完成している。特に電鉄系ターミナルデパートは百貨店を核としつつ、時代のニーズを飲み込み変化し、その容積を膨らませていった。わけてもキタの阪急と髙島屋を擁するミナミの南海は、ターミナルビルの拡張に留まらずエリア一帯を開発し、終着駅周辺に消費と娯楽の「一大アミューズメント・センター」を形成していった。

　全長4キロメートルの御堂筋の両端に拠点を構えて対峙する阪急と南海であったが、1953（昭和28）年、南海ビルの真正面、戎橋筋にあった東宝系映画館の南街会館が、当時大阪で最大規模のスクリーンを誇る映画館へと建て替えられた。これに対抗しようとしたのかわからないが、南海は創業70周年記念事業として、ターミナルの西側の敷地に、1932（昭和7）年に久野節《くのみさお》の設計で建てられた南海ビルに接続するかたちで「一大ターミナル総合ビル」を構想する。そこには南海電鉄本社の事務所と貸事務所の他、髙島屋の売場の拡張に加えて、ロードショー映画劇場3館が計画された。

　設計は大阪球場（P024）、そして同年に完成した南海ビルとプラットフォームの高架下を接続し、髙島屋の売場を拡張するブロードフロアーを手がけた坂倉準三建築研究所が続けて担当した（1948年開設の大阪支所でチーフを務めた西澤文隆《にしざわふみたか》が、重要な役割を果たした）。規模や用途の異なる複数の機能を、周辺環境や既存建築との関係を睨みながら合理的に配置すると共に、南海電鉄や地下鉄、市電や市バスの乗降客が大量に行き交う動線を立体的に整理して、大衆を百貨店や映画館へとスムーズへと誘導することが求められた。まさにひとつのターミナルを限られた面積と高さのなかにパッケージする都市空間設計だ。

　坂倉は近代建築の巨匠ル・コルビュジエの弟子という文脈で語られることの多い建築家だが、東京では渋谷駅周辺の東急会館（1956）をはじめとする東急系の建築を、新宿駅ではあの有名な西口広場（1966）を手がけるなど、戦後日本における都心ターミナル空間の再編・統合に手腕を発揮した。

　デザインは列柱とアーチが並ぶ既存の古典主義様式に合わせにいくことはせず、大阪球場でも用いた格子（南海会館では陶管グリルと呼ばれた）や、プレキャストのPSコンクリートでできた縦ルーバーなどのボキャブラリーを用いて、巨大な壁面になりがちな大型商業施設のファサードを機能に合わせて分節した。デザインは全くモダンだが、ファサードに細かな陰影を生みだし巨大なボリュームを分節することで、既存を含めた全体に調和とリズムをもたらしている。

　完成の翌年（1957）には大阪初となる本格的な地下街として、隣接地にナンバ地下センター（現・NAMBAなんなん）がオープンし、南海会館の正面を流れていた堀川・難波新川が1958（昭和33）年に埋め立てられ、1967（昭和42）年には跡地に阪神高速が通るなど、

☛ Nankai Kaikan

難波駅周辺はその後も変貌していった。南海会館も1973（昭和48）年には難波駅の改造工事に伴い映画館を閉館し、その後も増改築を重ねていく。近年では2007（平成19）年から2009年にかけて、建築家・大江《おおえ》匡《ただす》率いるプランテックによって南海会館の反対側、南海ビル東翼の増築とロケット広場を含めたプラットフォームへのアプローチ空間の再編が、これも現代的なデザインで行われた。そして2018（平成30）年、坂倉らが手がけた南海会館部分が建て替えられ、超高層タワーを載せたなんばスカイオが完成する。2009（平成21）年、高島屋東京店が村野藤《むらのとう》吾《ご》による戦後の増築部を含めて重要文化財に指定されたことを考えれば、南海ビルが積み重ねてきた時間のなかで、坂倉による空間がすっぽりと抜け落ちてしまったことは惜しまれる。【現存せず】

建設地＝大阪府大阪市中央区難波5／建設年＝1957（昭和32）年10月／構造・規模＝SRC造8階、地下2階／設計＝坂倉準三建築研究所／施工＝清水建設

南海会館の南側には事務所機能が集められた。堀川を埋め立てた跡に阪神高速道路が架けられている。

プラットフォームを取り囲むようにして増築された南海会館。
右端に大阪球場が見える。

BOWL
住友銀行
住友信託銀行
藤沢薬品

↑四つ橋筋の北から見た全景。アルミパネルに覆われた巨大なボリュームの上に、放送用の鉄塔がそびえる。

←南より。フェスティバルホール部分のタイル壁に、『牧神、音楽を楽しむの図』が飾られた。

新朝日ビルディング

中之島を代表するマンモスビル

新朝日ビルディングが建設された中之島西部地区は、戦前に大阪ビルヂング（1925）、新大阪ホテル（1935）など、大阪でも大規模で斬新な名建築が陸続と誕生したエリアとして知られる。これらのビルディングは、戦後も一流建築として命脈を保った。そのようななか、新朝日ビルディングは内容・スケールの両面において、はじめて戦前の近代建築群を凌駕する存在となったといってよいだろう。

巨大なビルディングは、大きく3つの機能に分かれていた。1つめはクラシックホールであるフェスティバル・ホール、2つめはホテル、3つめは朝日放送と貸事務所である。それぞれに高度な機能が要求されるものを一つの建築の中に、破綻なくまとめあげるのは苦心の技であっただろう。クオリティも落とすわけにはいかない。ホテルのグリル床面には泰山《たいざん》タイルの乱貼りを用いるなど、戦前の甲子園ホテル酒場などを思わせる充実した意匠だ。

設計者の小川正は「建築基準法57条の運用により、本邦最高の軒高45メートルの商業建築として認可を受けたのは1956（昭和31）年12月でありました。（中略）38トン、7500平方メートルにおよぶアルミニウムパネル、9トンのステンレススチールなどを使用したことも、近代建築の命題でありますその軽量化と、施工精度と速度の向上（中略）運営を止めずに外装の最短時間によるリモデリングを意図したことはいうまでもありません」（『建築と社会』昭和33年6月号）と述べている。戦前から続く31メートルの高さ規制を特例措置により超えたことで、日本一の高層商業ビル誕生となった。加えてアルミニウムやステンレススチールの外装は、向かいの朝日ビルディング（1931）が当初から1・2階に用いた外装材と呼応させたもので、新時代にふさわしい都市的な景観を創出した。1階をピロティとして歩行者に開放した点も、朝日ビルディングに歩調を合わせたもので、戦前から築かれてきたモダンな街区空間に新鮮な彩りを添えた。

外観に対しては批判もあった。金属パネルで覆ったのは北・西面の全体と南面の一部であった。土佐堀川に面して旧市街地・船場と対峙する南面東側は、行動美術協会の作品『牧神、音楽を楽しむの図』の陶板レリーフを設けるために、タイル貼りとした。建築評論家・浜口隆一《はまぐちりゅういち》はこれに対し「都市的配慮が欠けている。ここで設計者が主体的に処理されなかったのが、後退ではないかという気がする」（『建築と社会』昭和33年10月号）と手厳しく指摘したが、当時盛んになりつつあったアートと建築の融合の難しい面を浮き彫りにしたといえる。新朝日ビルディングの建て替えにあたって、このレリーフが縮尺を変え再制作されて、新しいビルの壁面に取り付けられたことは、当時の建築家の意図とシンボルの継承を考えた人びとの想いの隔たりを示すとともに、時代による好みの移ろいを示すものとしても興味深い。（S）

【現存せず】

建設地=大阪市北区中之島2／建設年=1958（昭和33）年4月／構造・規模=SRC・RC造13階、地下2階／設計=竹中工務店（小川正）／施工=竹中工務店

堂島川から見た中之島の高層ビル群。
建築基準法の制限を超える、高さ45メートルのスカイラインが形成されつつある。

CO. LTD.
三井物産

↑北館完成時の周辺一帯。右下にクラブ関西（1952）がみえる。

→北館の見上げ。右端の「テラコッタ・タイル」壁に、彫刻家・菊池一雄のブロンズ像が飾られた。

毎日大阪会館

新聞各社が繰り広げたビルの競演

「御堂筋ができるまでは、堺筋が大阪のメインストリートだった」というフレーズはよく耳にするが、堺筋よりもさらに前の1908（明治41）年に、四つ橋筋（正式名称は南北線）が拡幅されて市電が開通していたことはあまり語られない。堺筋が大大阪時代の百貨店が並ぶ華やかな目抜き通りであったなら、四つ橋筋は高度経済成長期まで新聞各社がしのぎを削った、さしずめメディアストリートといったところだろうか。

1916（大正5）年、朝日新聞は中之島の四つ橋筋の西側に、当時竹中工務店に在籍していた建築家・藤井厚二《ふじいこうじ》の設計によって新社屋を建て替えた。次に船場の大川町（現在の北浜4丁目）に本社を構えていた毎日新聞が、1922（大正11）年に四つ橋筋に面した堂島に土地を得て、片岡建築事務所に所属していた波江悌夫《なみえやすお》の設計により、鉄筋コンクリート造5階の新社屋と、鉄骨造の印刷工場を建設した。いずれも当時最新式の意匠を誇る近代建築で、その偉観は市民の間でも話題となった。毎日がこの場所に本社を移したのは、大通りに面して社をアピールするためと、地方に少しでも早く新聞を届けるため、逆にいえば少しでも新聞の編集時間をかせぐために、大阪駅に近い場所、もっと言えば朝日新聞よりも近い場所を求めたからだという。

次に戦後の1952（昭和27）年、新興の産経新聞が大阪駅のすぐ近く、四つ橋筋の桜橋交差点から西に入った場所に、印刷所に加えてホールなどの文化施設を備えた白亜のビルディングを建設する（P036）。朝日新聞はすでに1931（昭和6）年に竹中工務店の石川純一郎《いしかわじゅんいちろう》の設計によって、戦前期日本を代表するモダニズム建築へと社屋を建て増し、1926（大正15）年には西隣に1600人を収容するホールを備えた朝日会館を建てていた。新聞各社は報道だけでなく、文化の発信者たることを強く自任していた。

そして毎日も関西の文化・産業の発展に貢献せんと、1952（昭和27）年に会館の建設を構想し、日建設計工務に設計を依頼する。当初は本社のある街区内にまとめて建てる予定だったが、細い道路を挟んだ南のブロックと2分割することになり、1期は貸事務所を主体に、塔屋にラジオ放送の公開録音用スタジオを設けた北館を、1956（昭和31）年に完成させた。続けて大小2つのホール、国際会議場、婦人文化教室などからなる、より規模の大きな2期の南館の設計に入った。しかし毎日は朝日が建設を進めていた新朝日ビ

ルディング（P056）のお披露目にと計画していた、日本初の本格的な国際芸術祭、1958（昭和33）年4月10日に開催される「大阪国際芸術祭」へ参画することを決めたため、全体の工程を大幅に短縮することになり、何と日建設計の実施設計と大林組による昼夜の突貫工事が平行して進むという、異例のスクランブル体制となった。

　フェスティバル開催に絡むいざこざもあって朝日と毎日のライバル競争は加熱し、こけら落としの日もフェスティバル開催ちょうど一週間前の4月3日に当てるほどだったが、さすがに参列者が混乱するということで商工会議所の会頭が仲立ちをし、毎日側が1日前倒しすることでおさまった。

　新朝日ビルにホテルがあることを除けば、ホールと貸事務所、そして放送スタジオを収容する大型複合建築で、いずれも軟弱地盤で高度な地下工事の技術が要求され、さらに工期が短いなど、毎日大阪会館と新朝日ビルには共通点が多く、施主の新聞社だけでなく、日建＋大林組と竹中工務店の間にも、かなり強いライバル意識が働いたに違いない。日本建築協会が発行する雑誌『建築と社会』の1958年6月号は、新朝日ビルと毎日大阪会館の2大特集を組んで両者を大々的に比較している。また毎日会館の放送スタジオは当初ラジオ局の想定であったが、これも朝日とのテレビ放送権を巡って激しい争いがあり、最終的に毎日放送が開局することに決まった関係で、急遽テレビスタジオへと変更された。

　本書で取り上げた大阪産経会館、毎日大阪会館、そして新朝日ビルは、いずれも現存しない。毎日新聞は西梅田に移転し、産経新聞は同地に規模を縮小したサンケイホールブリーゼを備えたブリーゼタワーを建て、新聞社機能はミナミの湊町へ、そして朝日新聞は同地にツインタワーのフェスティバルタワーを建設してフェスティバルホールも再建と、3社3様に推移した。しかし3社とも、今も四つ橋筋界隈に留まり続けている。

【現存せず】

建設地＝大阪府大阪市北区堂島1／建設年＝［北館］1956（昭和31）年6月・［南館］1958（昭和33）年4月／構造・規模＝［北館］SRC造9階、地下3階・［南館］SRC造9階、地下2階／設計＝日建設計工務／施工＝大林組

四つ橋筋に面して毎日のビルが3つ並ぶ。
左端に見える大阪毎日新聞社本社（1922）は、玄関部分のみ同地に今も保存されている。

新大阪ビルディング（新ダイビル）

大阪・新歌舞伎座

大阪の建築家・村野藤吾の離れ業

1958（昭和33）年、建築家・村野藤吾の設計によって、新大阪ビルディング（以下「新ダイビル」）と大阪・新歌舞伎座という、2つの「新」建築が竣工した。知らなければ、決して同じ建築家が設計したとはわからないだろう。いや、知っていても俄には信じがたい。対照的という言葉では足りないくらい、2つの新建築は全く別の種類のデザインだ。

新ダイビルは、大阪における事務所建築の先駆として、1925（大正14）年に大阪ビルヂング（ダイビル）を建てた大阪ビルヂング株式会社（現・ダイビル）が、高度経済成長期のオフィス需要を見越して米軍の拘置所として接収されていた堂島の土地を取得し、2つめのテナントオフィスビルとして建てた文字通りの「新」ダイビルだ。設計はダイビルを手がけた渡辺節《わたなべせつ》のもとで製図主任を担い、ダイビルが信頼を寄せていた村野藤吾に依頼された。白いタイルの外壁に水平連続窓が整然と並ぶ機能的、合理的なモダニズムの典型のようなデザインで、1期から間をおいて1963（昭和38）年に2期が完成、床面積8万平方メートルを超えるマンモスビルが堂島川に面して誕生した。

1965（昭和40）年に開通した堂島川上空の阪神高速道路によって、ファサード全体をみることができなくなったことを村野は度々嘆いていた。

一方の大阪・新歌舞伎座は、1932（昭和7）年に大林組の設計・施工によって建てられた千日前の大阪歌舞伎座の後継として、自らも歌舞伎役者であった「昭和の興行師」松尾國三が難波駅前の御堂筋沿いに土地を得て構想したもので、松尾は村野に設計を依頼する際、歌舞伎に因んだ「桃山風」を求めたという。これに応えて村野は名古屋城や京都の二条城などを参考にしつつ、千鳥破風《ちどりはふ》をもつ巨大な屋根を載せ、連続する

御堂筋に沿って連続する唐破風が、白壁のライトアップによって浮き上がる。

唐破風《からはふ》が外壁を飾る表現主義的なデザインを提示した。連続する唐破風は、伝統建築には見られない村野の独創だ。奥行きの狭い敷地は歌舞伎の廻り舞台を設けることができず、歌舞伎座とはいうものの、人気俳優や歌手が座長を務める大衆演劇の劇場として定着していく。

無駄をそぎ落とした合理性と、非日常を演出する装飾性。なぜ村野にはこんな芸当ができるのか。

村野を高く評価した建築史家で評論家の長谷川堯《はせがわたかし》は、《モダニズム》は「数多くの《様式》の中の、新参の《様式》であって、（中略）《ロココ》や《表現主義》や《数寄屋》を選んでデザインする場合と基本的に変わるところはない」と村野の姿勢を分析し、「現在主義」と評した。これは綿業会館の各部屋を異なる《様式》で華麗にデザインしてみせた、渡辺節のもとで体得したものだろう。渡辺は村野に向かって、「売れる図面を書いてくれ」と言ったという。

改めて2つの建築を見くらべると、共通点も見えてくる。堂島川と御堂筋という、大きく「引き」のある場所に面したファサードのプロポーションは、いずれもおよそ3：1の比率で、窓と唐破風と要素は異なるが、水平ラインを強調するデザインは同じである。また装飾を排したようにみえる新ダイビルもよくみれば、4隅のポイントに彫刻家・藤本美弘による羊を飾り、屋上にも抽象的なモニュメントを置いている。これは大阪・新歌舞伎座の大屋根に飾られた、彫刻家・辻晋堂《つじしんどう》による独創的な鬼瓦に対応しているといえないか。いずれも引きに対して奥行きが浅く、ファサードの平面性が強調される建築だが（新ダイビルは1期時）、村野は新歌舞伎座はもちろん、新ダイビルのファサードも執拗にスケッチを繰り返してデザインの検討を重ねている。設計としては新ダイビルの方が早く、水平連続窓が村野に唐破風の連続を思いつかせたと考えるのは、深読みが過ぎるだろうか。

村野にとって、20世紀のモダニズム建築も、日本の伝統建築も、《様式》という点において等価だったが、それでも村野の建築に通底しているのは、ある種のモダンな感覚だ。村野は大阪・新歌舞伎座の設計を通じて、唐破風にすら「どこかモダーンなところがある」ことを見出している。他の建築家が主張した機能性や構造の合理性だけでは決して捉えられない、時代のモダンな感覚を、村野ほど鋭くつかみ取り、建築として表現することのできた建築家はいないだろう。【いずれも現存せず】

◎新大阪ビルディング（新ダイビル） 建設地＝大阪府大阪市北区堂島浜1／建設年＝［1期］1958（昭和33）年5月・［2期］1963（昭和38）年10月／構造・規模＝［1期］SRC造9階、地下2階・［2期］SRC造9階、地下4階／設計＝村野・森建築事務所／施工＝大林組

◎大阪・新歌舞伎座 建設地＝大阪府大阪市中央区難波4／建設年＝1958（昭和33）年10月／構造・規模＝SRC造5階、地下2階／設計＝村野・森建築事務所／施工＝大林組

阪神高速が通る前のファサード全景。4階部分で立面を切り替えている。最上階の窓の上の壁が異様に薄い。

北側の2期部分に設けられた屋上樹苑を見下ろす。
正面奥に見えるマンモスビルは、1962（昭和37）年に竣工した新住友ビル（現・住友ビル）。

大屋根と千鳥破風を見下ろす。裏の拡幅された道路には、1967（昭和42）年に阪神高速が開通する。

御堂筋の反対側からみたファサード全景。村野は工事中、ここに座って現場に指示を出したという。

家庭用電気機器

インフラが育んだ、都市生活の新たな必需品

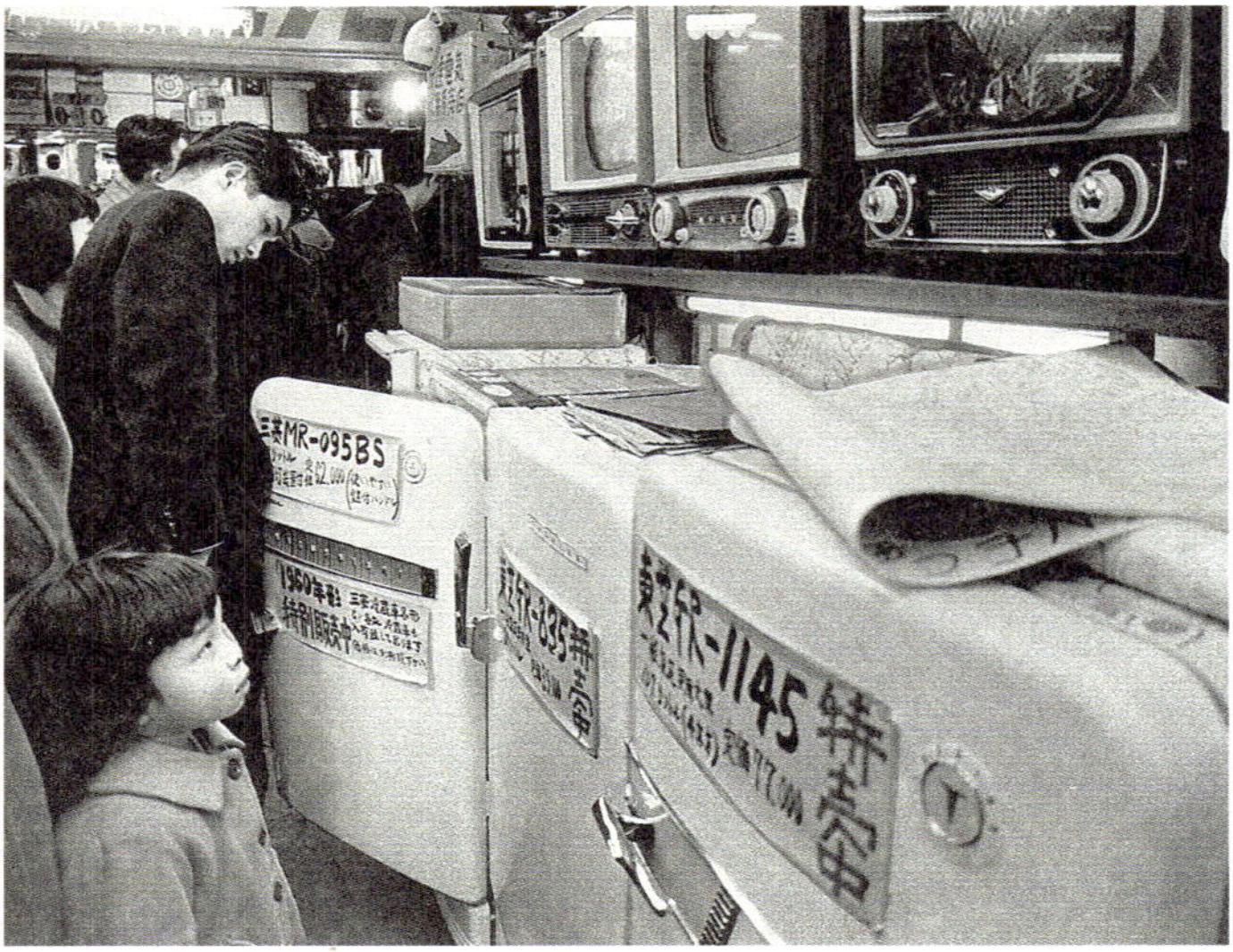

「三種の神器」（白黒テレビ・冷蔵庫・洗濯機）の売り場。　毎日新聞社 提供

1954（昭和29）年12月の神武景気から始まる昭和30年代になると、戦後復興期から一段落し、高度経済成長期に移行する。1956（昭和31）年の『経済白書』に記された「もはや戦後ではない」というフレーズはあまりに有名である。

特に、「三種の神器」（白黒テレビ・冷蔵庫・洗濯機）と言われた電化製品が、一般家庭にまで普及するようになる。それはすなわち、公共住宅を含めて電機、ガス、上下水道などのインフラが整ったことを表している。

三種の神器を提供した代表的な大阪の会社の筆頭は松下電器（現・パナソニック）だろう。1918（大正7年）3月、松下幸之助によって設立された松下電器は、大大阪時代に急激に成長したベンチャー企業であった。戦後、財閥解体の指定を受け松下電工と分割されたが、高度経済成長期には、新たな家電製品を提供し、さらに拡大していく。

1951（昭和26）年には洗濯機、1952年（昭和27）年にはテレビ、1953（昭和28）年には冷蔵庫を立て続けに売り出した。当初は高額商品であったが、生活水準は向上し、技術革新と大量生産により低廉化し急速に普及する。

1970（昭和45）年には洗濯機、テレビ、冷蔵庫の人口5万人以上の都市における普及率が、すべて90%を超える（カラーテレビは約30%）。白黒テレビは、1958（昭和33）年の東京タワー竣工と、ミッチー（ご成婚）ブームをきっかけに爆発的に普及した。さらに、1964（昭和39）年の東京オリンピックをきっかけにカラーテレビが売れ、自動車、クーラーとともに、「新・三種の神器」と言われた。都市のインフラや住宅環境の整備は、今日の快適な電化生活の基盤になったといえる。

地下鉄

延伸する交通網のシンボルと伸びゆく大阪

急速な自動車の普及により、自動車渋滞の原因にもなっていた大阪市電は、1966(昭和41)年に廃止、地下鉄による交通体系を確立することが大阪市議会で決議される(1969年3月31全廃)。戦前の大阪と戦後の大阪を比較した際、地下鉄の延伸は、都心部の拡大を端的に物語っている。

地下鉄谷町線、東梅田−谷町4丁目間が開通。　毎日新聞社 提供

第1号にあたる御堂筋線は、1933(昭和8)年5月20日、梅田(仮駅)~心斎橋間が開通する。この際、梅田駅は仮駅であり、淀屋橋駅、本町駅を含むわずか3・1キロの路線であった。1935年(昭和10)年10月には、梅田駅の本駅が開業、難波駅まで延伸した。1938(昭和13)年には難波~天王寺間が開通し、全長7・5キロ、キタとミナミの南北主要駅を結ぶ大阪の大動脈となった。大阪大空襲の避難所として機能し、避難列車の運行もあったという。

地下鉄工事は、1950(昭和25)年6月、天王寺~昭和町間で工事が再開され、1951年(昭和26)年12月開通した。1952(昭和27)年10月には西田辺駅まで、1960(昭和35)年には安孫子町まで延伸される。

1964(昭和39)年9月には、東京オリンピックの開催に合わせて開通する新大阪駅と連結するために、梅田~新大阪間が開通した。その際、新幹線、在来線(東海道本線)とも連結されることになった。

1970(昭和45)年2月には、大阪万博の開催に合わせて、新大阪~江坂間が開通。北大阪急行電鉄と相互直通運転を行い、南北線・会場線である江坂~千里中央(仮駅)~万国博中央口間が開業した(同年、会場線、万国博中央口駅は廃止)。地下鉄御堂筋線の延伸は、都市の年輪がしっかり刻まれているといえよう。

その他、2号線は谷町線(1967年開業)、3号線は四つ橋線(1942年開業)、4号線は中央線(1961年開業)、5号線は千日前線(1969年開業)、6号線は堺筋線(1969年開業)、7号線の長堀鶴見緑地線は1990年の「国際花と緑の博覧会(通称=花博)」の際に開通された。8号線は今里筋線で唯一、大阪環状線内を通過しない。2018(平成30)年3月31日に、大阪市営地下鉄としての運営を終了。大阪市高速電気軌道(Osaka Metro)に事業が引き継がれた。

高層棟の竣功式の際に撮影された法円坂団地の全景。34棟の住棟が並んだ。

法円坂団地高層共同住宅

難波宮跡に広がる都心の大団地

ガラス窓によって室内化された共用廊下部分の見上げ。

戦後の圧倒的な住宅不足を解消するため、大阪府・大阪市はそれぞれ公営住宅の建設を進め、1948（昭和23）年には、大阪市で初となる鉄筋コンクリート造の市営小宮住宅を天王寺区内に完成させる。しかし公営住宅法に基づく公営住宅は、主に低所得者層を対象としているため、中間所得者層への住宅供給が図れない。そこで大阪市は1951（昭和26）年1月、市からの寄付金300万円を基本財源に大阪市住宅協会を設立、前年に制定された住宅金融公庫から低利の融資を受けて、市街地に鉄筋コンクリート造の中高層共同住宅の建設を進めていった。その最初の事業が、法円坂団地である。

現在、難波宮跡公園がある上町台地の法円坂一帯は、かつて陸軍の軍用地として接収されていた場所で、戦後大阪府の所管に戻ったことで広い土地の確保が可能となり、協会によって団地の建設が計画された。事業は1950（昭和25）年度から1962（昭和37）年度までの7期に渡り、3～5階建の鉄筋コンクリート造の共同住宅が34棟、752戸からなる都心部には珍しい大団地が形成された。

なかでも第5期の1957（昭和32）年度に建設された8階建の高層共同住宅は、市内最初の高層住宅として話題となり、112戸の住戸を収容するその壮大なスケールから、マンモス住宅と呼ばれたという。ちょうど築港深江線（中央大通）の拡幅が行われていた方角に沿って共用廊下を配しているが、その北に広がる大阪城公園からの強風対策として、水平連続窓を設けて廊下の室内化を図ったことが、非常にモダンな印象を生みだしている。

その後も大阪市住宅協会は市内各地に中高層の共同住宅を建設していくが、これほどの規模の団地は実現せず、1966（昭和41）年2月に大阪市住宅供給公社へと改組され、現在も大阪市住まい公社の愛称で事業を行っている。【現存せず】

高層棟の全景。右の空地に見える部分は、拡幅工事の進む中央大通（築港深江線）。

建設地＝大阪府大阪市中央区法円坂1／建設年＝1958（昭和33）年6月／構造・規模＝RC造8階、地下1階／設計＝東畑建築事務所／施工＝鉄道建設興業

西長堀アパート

公団のマンモスアパートは憧れのアーバンライフ

日本住宅公団（現・UR都市機構）といえば、千里ニュータウンや多摩ニュータウンなど郊外のニュータウン開発のイメージが強いが、その一方で都心における集合住宅の建設も、主要な事業に位置付けられていた。中心市街地では敷地を確保することが難しいため、土地の権利者に共同事業を働きかけ、低層部に権利者の持ち分となる業務や商業のためのフロアを新築し、その上に公団住宅を積み上げる市街地住宅方式をとった。1956（昭和31）年度から市街地住宅に取り組み、大阪ではその翌年に建設が始まっている。このいわゆる「下駄履き住宅」は、昭和30年代半ばの日本住宅公団の事業としては、団地住宅よりもむしろ一般的だったようである。

当然、市街地住宅は高層化を志向することになるが、1958（昭和33）年、公団はこれからの都市居住の方向性を探るべく、実験的な高層住宅を東京と大阪に1棟ずつ建設する。東京は建築家・前川《まえかわ》國男《くにお》の設計による10階建168戸の晴海高層アパートで、コンクリート打放しの外観は、前川が師事したル・コルビュジエのユニテ・ダビタシオンを連想させる。3層6住戸を1つの単位とするメガストラクチャーによって将来の可変性を確保し、公団住宅として初めて設けられたエレベーターは、3階に1階ずつ停止するスキップフロア方式を採用し、上下階へは階段でアクセスするようにした。初めての試みを数多く採用した、まさに実験住宅と呼ぶにふさわしい建築だ。

一方、大阪建築事務所（現・大建設計）が設計を担当した西長堀アパートは、地上11階建に263戸の住戸を計画した高層住宅で、造付家具が設えられた単身者住戸から新婚用、そして家族用まで、ライフステージに応じた9つの間取りを提供してその暮らしぶりを実際に検証し、次にフィードバックすることを考えた。前川國男のような大胆さはないが、長堀川に面した共用廊下の防寒対策として設けられた、長さ120メートルに及ぶ長大な外壁は、縦に細長いスリットが連続する非常にシャープなデザインで、塔屋のオブジェのような造形も効いている。都心のモダンライフを強く喚起させる建築で、法円坂団地（P070）と同様、マンモスアパートと呼ばれて世間から注目された。

心斎橋の繁華街にも近いこの敷地は土佐藩邸の跡地の一角で、今も西隣には土佐稲荷神社がある。もともと大阪府が譲渡を受けて府営の高層住宅を計画していたが、公団に移譲されることになった。従って市街地住宅方式をとる必要がなく、全階を住宅で構成することも可能だったが、戦災を受けた周辺地域の開発が進んでおらず、居住者と地域住民の利便性を考えて、1階と地下に店舗と貸倉庫を設けた店舗施設付住宅とした。

先進的な取り組みということもあって工事費がかさみ、家賃は郊外の中層団地と比べて坪当たり約1.6倍という高級アパートになったが、それでも入居申込の倍率は最高家賃の住戸が最も高く、次いで単身者用住戸に人気が集まった。有名な話だが、住民には作家の司馬遼太郎や女優の森光子、プロ野球選手の野村克也といった有名人も多く、住民はハイヤーに乗って

Nishinagahori Apartment Building

長堀川に縦長のスリットを映し出す西長堀アパートの北側全景。塔屋の造形も面白い。

心斎橋や難波の百貨店へ買い物に出かけたという。

耐震強度の問題で新規の入居が取りやめられ、一時は建て替えも検討されたが、日本住宅公団にとって、そして日本の近代住宅史上極めて重要な建築であることから、住民が暮らしながらの耐震補強工事が実施され、住戸も新しくリノベーションされて2016年に入居が再開された。1階のエントランスには近年世界的な注目を集める前衛芸術「具体」のリーダー・吉原治良《よしわらじろう》が原画を制作し、自らも芸術家だった矢橋大理石の矢橋六郎《やばしろくろう》が世界中の石を集めてつくった壁画が飾られていて、世界第一級のアート作品を眺めながら暮らす、真にリッチな都心居住を提供している。なお東の晴海高層アパートは、1997（平成9）年の晴海地区の再開発に伴い解体されたが、一部の住戸がUR都市機構の集合住宅歴史館に移築・復元されている。

建設地＝大阪府大阪市西区北堀江4／建設年＝1958（昭和33）年11月／構造・規模＝RC造11階、地下1階／設計＝日本住宅公団大阪支所、大阪建築設計事務所／施工＝鹿島建設

長堀川は1973（昭和48）年に埋め立てが完了した。

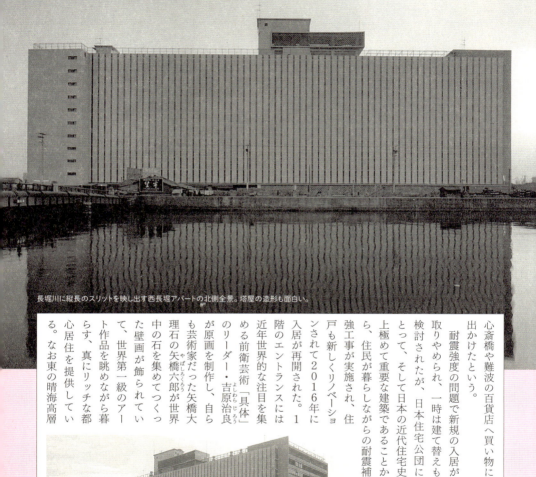

大阪市中央体育館

大阪市中央体育館

レクリエーションという都市の機能

戦後早くも1952（昭和27）年に竣工した大阪府立体育会館に遅れること7年、1958（昭和33）年10月の大阪市議会において大阪市中央体育館の建設が可決され、なんと翌年の6月には完成した。市議会からわずか8か月で基本設計、実施設計、そして施工まで駆け抜けたことになるが、その背景には1959（昭和34）年7月に開催される、五大都市体育会のメイン会場とすることが決まっていたことがある。五大都市体育大会とは大阪市、京都市、神戸市、名古屋市、そして横浜市が参加するスポーツ大会で、1950（昭和25）年から始まっていた。

敷地は大阪城公園の南西の角、現在の大阪歴史博物館の建っている場所が選ばれ、とにかく時間がないことから、大阪市の営繕で急ぎ基本設計まで行い、実施設計と施工をまとめて大林組に発注した。設計と施工の分離を旨とする公共事業の原則からいえば、異例の措置といえるだろう（近年は「デザインビルド」という名称で実施されている）。

広い広場に面して配置された体育館の平面はシンプルな長方形で、鉄骨トラスによるカマボコ型の屋根が架けられ、妻面には彫刻家・植木《うえき》茂《しげる》作のレリーフが飾られた。植木はこの時代の建築に数多くの作品を提供し、大阪市内で現存するものとしては、御堂筋に面して建つ京阪神瓦町ビル（1962）の外壁に彫られた馬の彫刻がある。

難波駅近くの府立体育館が大相撲などプロスポーツの興行によく利用されたのに対して、市立体育館はもっぱらアマチュアスポーツの会場として活用された。都市計画家で大阪市立大学の教授を務めた中澤誠一《なかざわせいいち》郎《ろう》は、1928（昭和3）年に開催された建築・都市を巡る伝説的な国際会議CIAMを引き合いに出し、都市がもつべき新たな機能としてレクリエーションをあげ、屋内外の体育施設が都市部に適切に配置されることの重要性を説いている。この時代、大阪球場（P024）や日生球場（1950）、アサヒアリーナ（1952）など、官民問わず都心に数多くのスポーツ施設が建設されたが、その多くが姿を消したか、周縁に移転している。大阪市中央体育館も、1996（平成8）年に港区の八幡屋公園内に移転した。【現存せず】

建設地=大阪府大阪市中央区大手前4／建設年=1959（昭和34）年6月／構造・規模=RC造、S造3階、地下1階／設計=［基本設計］大阪市建築局営繕課・［実施設計］大林組／施工=大林組

連続する斜めの柱が客席と屋根を支えている。

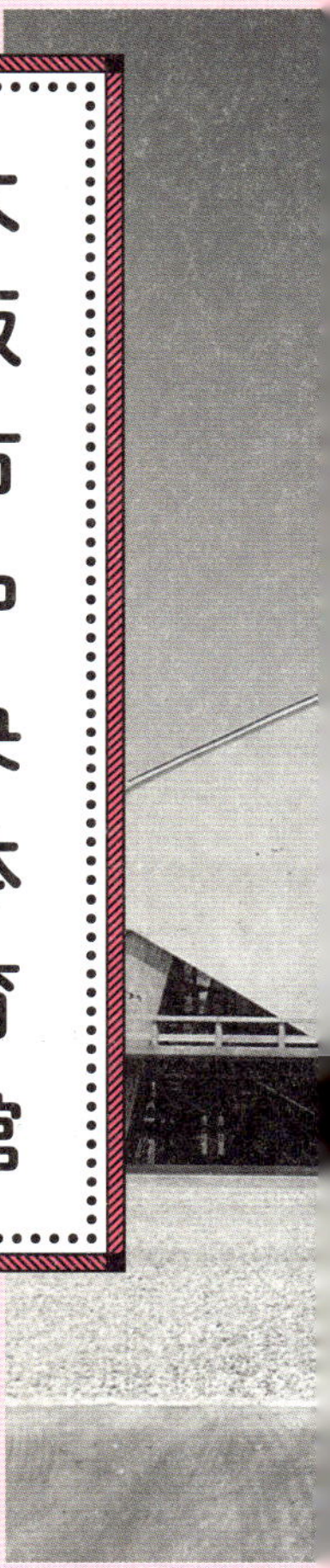

↑必要最小限の要素で構成されたファサードの中央上部に、彫刻家・植木茂のレリーフが飾られている。

➔開通間もない中央大通（築港深江線）に面して建つ。右奥に大阪城天守閣が見える。

土佐堀川に面して南面するコンクリートの量塊。
この頃は堤防がないので川との距離が近い。

電通大阪支社

「世界のタンゲ」中之島に現る

「世界のタンゲ」と呼ばれ、20世紀の日本で最もよく知られた建築家である丹下健三《たんげけんぞう》は、堺市の出身だが大阪に残した作品は非常に少ない。1970（昭和45）年の大阪万博では基幹施設のプロデューサーを務め、お祭り広場の大屋根を手がけるが、トラスの一部が保存されただけで現存しない。その次にあげるとするならば、1960（昭和35）年に中之島に建てられた、電通の大阪支社ビルということになるだろう。

建築史家で自らも建築家として活躍する藤森照信《ふじもりてるのぶ》によれば、1958（昭和33）年にできた香川県庁舎によって、丹下はコンクリートによる柱梁の表現を完成させ、この時期は次の展開として「壁との格闘」にあったという。土佐堀川に面して建つ電通大阪支社を見てみると、コンクリート打放しの重厚な袖壁がファサードを縁取り、コンクリートの肌理を露わにしたプレキャスト部材による立面の構成を試みている。奥行きのあるバルコニーを設けているが開放的というよりは、南からの直射日光を受けて黒々とした陰影を壁に生みだし、オフィスビルとは思えない異様な重厚感を生んでいる。ガラスとアルミパネルで覆われた西隣に建つ新朝日ビル（P056）とは対照的だ。この時代、丹下は倉敷市庁舎（1960）やコクヨ東京支店（1961）などでも、同じようなコンクリートによる壁の表現を試みた。藤森によれば、丹下は厚い打放しコンクリートの壁に、高度成長を迎えた日本に漲《みなぎ》るエネルギーと生命力を託したのだという。しかしそこに感じるのは、コンクリートの重苦しさだけであった。その後丹下は、きっぱりデザインの方向性を転換する。

丹下は1967（昭和42）年、東京の本社ビルを手がけ、合わせて周辺一帯の壮大な「築地再開発計画」を発表する。一方、大阪では丹下研究室が輩出した多くの建築家のひとり、槇文彦《まきふみひこ》が堂島に竹中工務店と共同で「堂島再開発計画」を発表し、1983（昭和58）年、その一角に新しい電通大阪支社のビルを設計した。アルミパネルが白銀に輝く高層ビルに、重厚さは全く感じられない。1959（昭和34）年に起こった新しい建築運動「メタボリズム」以降、建築家は積極的に都市計画に取り組んでいく（槇もメタボリズムのメンバーのひとり）。

ちなみに電通は2017（平成29）年に完成した中之島フェスティバルタワー・ウエストへと再び移転し、もう一度中之島へと戻っている。【現存せず】

川の対岸からの眺め。西隣に新朝日ビル（P056）が建つ。

建設地＝大阪府大阪市北区中之島2／建設年＝1960（昭和35）年3月／構造・規模＝SRC造9階、地下2階／設計＝丹下健三計画研究室／施工＝竹中工務店

関電ビルディング

超高層ビルのプロトタイプ

1951（昭和26）年5月に発足した関西電力は、その源流のひとつである宇治川電気が1937（昭和12）年に長谷部竹腰建築事務所の設計で西天満に建てた宇治電ビルに社屋を構えたが、事業の拡大によって手狭となり、1955（昭和30）年に中之島の三井倉庫の跡地の一部を取得、新社屋の計画に取りかかった。

設計を担当した竹中工務店が示した複数の基本案について検討した結果、関西電力が選んだのは、日本の都心の高層ビルのこれからを指し示す、画期的な案だった。1階は都市交通の緩和に貢献すべく、敷地面積の60パーセントを自動車通路やピロティ、広場などのパブリックスペースとして開放し、3階から上の基準階は外壁を敷地から大きくセットバックさせて周囲に広い空間を確保、エレベーターや階段などのコアをセンターに配置することで、四周に十分な日照と視界をもたらす快適な執務環境を生みだした。上空の開放は隣地の建物にも同様の効果を提供し、周囲の都市環境に貢献する公共性の高い計画となっている。その分1フロア当たりの床面積は減少するため、不足する分を上に積み上げて地上12階、高さ45メートルの高層ビルとした。

この時代、建築基準法は前身の市街地建築物法で定められた百尺制限を引き継ぎ、建築物の高さは31メートルまでと規定されていた。法律を改正して容積地区を定め、その範囲の高さ制限をなくしたのが1963（昭和38）年7月。しかし大阪市では1990（平成2）年のビジョンを描く総合計画の策定を待って地区指定が遅れ、1969（昭和44）年6月になってようやく都心部が容積地区に指定された。なお、全面的に容積制へと移行し、原則的に絶対高さ制限が全廃されて現在と同じ運用になるのは、1970（昭和45）年6月の建築基準法大改正によってである。大阪市では、1973（昭和48）年8月に導入された。

本書では関電ビルをはじめ、絶対高さ制限31メートルを超える高層ビルが度々登場するが、もちろん法律違反を犯したわけではない。法律には例外規定があって、特定行政庁（1956（昭和31）年11月に大阪府から大阪市へ移管）の特別の許可があれば、31メート

高層ビルの建て詰まりを回避するために、隣棟との間にスペースを確保している。

ルを超えることが許された。もちろん、許可を得るためには周囲への影響が厳しくチェックされ、都市環境への積極的な貢献などが求められる。大阪府による12階建の第一生命ビル（P038）への許可にはじまり、大阪は積極的にこの例外規定を運用し、独自の建築行政を行ってきた。大阪は1936（昭和11）年、全国に先駆けて「高度地区」制度を大阪駅前に適用、高さの「最低限度」を定めて近代都市の玄関口にふさわしい高層建築地帯へと誘導しようとし、1962（昭和37）年には中之島の東部を追加、高さの最低限度を20メートルとして、高層ビルが建ち並ぶシビックセンターのビジョンを度々示してきた（1971（昭和46）年に報道された中之島東部の歴史的建築物を解体しての超高層化計画は、市民を巻き込んだ大規模な保存運動を引き起こした）。大阪市は基準法の規制下で高度地区の高層化を実現すべく、例外規定を積極的に運用し、中之島でもすでに新朝日ビル（P056）に対して高さ45メートルの許可を与えるなど、関電ビルの高層化も望むところであった。

新朝日ビルはピロティを設けて地上部分をオープンスペースとして開放したが、建物自体は周辺に対して威圧的にも感じられる大きなボリュームを確保した「マンモスビル」であるのに対し、関電ビルは地上部分の貢献はもちろん、上空も大きく開放してスレンダーな高層部となっている点が大きく異なる。この時期、日本の都心はビルの過密化が都市環境の悪化を招くと問題になっていたこともあり、敷地に対して十分な空地を設けて高層化した関電ビルの設計は、来たるべき日本の超高層ビル時代に、ひとつの型を示したといえるだろう。

近年、中之島は都市再生特別地区の活用などによって再々開発が進み、特に四つ橋筋周辺から西の一帯は、川に挟まれた中洲にスカイスクレーパーが並び建つ、半世紀前の夢を大きく超えた都市景観が現出している。【現存せず】

セットバックした2階の屋上には関電会館の庭園が設けられた。
高層棟の強調された柱型には、最上階まで花崗岩が張られている。

建設地＝大阪府大阪市北区中之島3／建設年＝1960（昭和35）年3月／構造・規模＝SRC造12階、地下3階／設計＝竹中工務店（小川正）／施工＝竹中工務店

1968（昭和43）年に撮影された中之島から大阪駅周辺までの航空写真。
関電ビルから東側の中之島一帯が、1962（昭和37）年に高度地区に指定された。

地下街

交通渋滞の解決と商店街建設の一石二鳥！増殖する地下都市

大阪には巨大な地下街があることで知られている。特に梅田は、複数の地下街と、公共の地下通路、阪急三番街や大阪駅前ビルなどの各ビルの地下階、百貨店の地下食料売り場が、有機的に連結していることから、その複雑な構造は「迷宮」、「ダンジョン」などと形容されている。

大阪では、1932（昭和7）年に歩行者の安全確保のために三越百貨店前の堺筋に初の地下道が誕生。その後、御堂筋線の拡幅に伴い、1934（昭和9）年、順慶町通り（現在の大阪市中央区南船場）、1936（昭和11）年には八幡筋（御津）と難波新地通りに地下道が作られた。当初は車も少なく地下道の利用者は限られており、暗くて風紀・衛生上の問題もあった。しかし、戦後になって、順慶町地下道で、学童が通学用に使うため文具店を出店したいという要望が上がり、電灯も点けられたことで通行人も増加する。それが地下街構想に発展する。

1952（昭和27）年には、難波駅前の地下商店街の建設計画が立ち上がる。自動車の増加による地上の交通渋滞の緩和と歩道の確保、地下街の建設の一石二鳥を考えたのだ。計画では、高島屋と南街会館（現・なんばマルイ）の地下階、地下鉄・難波駅コンコースに連絡する地下1階に52店舗と映画館を配置する構想であったという。

1956（昭和31）年6月、大阪市と民間の共同出資による大阪地下街株式会社が発足し、ナンバ地下センター（現・NAMBAなんなん）が着工。1957（昭和32）年12月18日にオープンし大人気となった。

この成績を受けて、ウメダ地下センター（現・ホワイティうめだ）が、1961（昭和36）年3月から着工、1963（昭和38）年11月に開業する。大阪駅前は、当時すでに「歩行者67万人、自動車15万台」（昭和35年時）という混雑具合であった。さらに、電気・ガス・電話・上下水道が入り込んでおり工事は困難を極める。第一期工事では2年8か月、就労人員延べ50万人を要した。

その甲斐もあってか、開店応募は予定店舗185店に対して、10倍に及ぶ約1千店舗が全国各地から集まった。当時、ニューヨーク・タイムズ紙は、「日本の商店、地下に潜る」と報じたという。

完成当時「世界一の地下街」と称された。地下街完成を記念して、地上の大阪駅前線三角地帯に5本の吸気塔が、村野藤吾*のデザインによって建てられ、現在でも大阪の玄関のシンボルとなっている。

その後、ウメダ地下センターは、第一期から第三期まで10年がかり

ナンバ地下センター工事風景。

で造成される。地域は、曽根崎署前地下広場を中心に、南は御堂筋線の新阪急ビル前、東は新御堂筋線交差点の「泉の広場」、北はプチシャンゼリゼの「星の広場」まで、放射状に広がった。

1964（昭和39）年6月には、堂島地下街株式会社が大阪地下街株式会社と毎日大阪会館の共同出資によって設立。1966（昭和41）年7月、ドージマ地下センター（現・ドーチカ）が開業した。その後もアベノ橋地下センター（現・あべちか）、虹のまち（現・なんばウォーク）などが建設され、地下街は市内各地に拡大していく。

＊ 村野藤吾
（むらの・とうご、1891-1984）
建築家。戦前から戦後にかけて、日本のモダニズム建築を率いた。歴史主義から表現主義まで幅広く取り入れた作風で知られる。「宇部市渡辺翁記念会館」（1937）で様式装飾を用いない独創的な表現を実現する一方、戦後「佳水園」（1959）では近代和風建築の新地平を切り開いた。

公団

戦後の文化を育む、住宅都市の建設

戦後、さまざまな取り組みが行われていたが、都心部への急激な人口増加によって、住宅難は続いていた。

1955（昭和30）年7月、日本住宅公団法が公布・施行され、日本住宅公団（現・UR都市機構）が設立された。これで政府施策住宅の三本柱である公庫住宅・公営住宅・公団住宅がそろい戦後の住宅政策が確立される。公団住宅には、賃貸と分譲があり、賃貸には都市周辺の集合的な団地住宅と、都市施設と一体となった市街地住宅があった。いわゆる「団地」とは賃貸の団地住宅が一般的であり、第1号は堺市の金岡団地（現・サンヴァリエ金岡）である。

金岡団地。日本住宅公団による公団住宅の第1号。

公団においてもさまざまな標準設計が策定されている。ダイニングキッチン（DK）、ステンレスの流し台、ダストシュート、全戸への浴室などの設備は庶民の憧れとなった。洋式水洗便所は、1958（昭和33）年、城東区古市の関目第一団地に最初に取りつけられた。

また、市街地住宅としては、1957（昭和32）年度に建設された西区西長堀の高層住宅、西長堀アパートが著名である。作家の司馬遼太郎や下着デザイナーの鴨居洋子が住んだことでも知られている。

さらに、日本住宅公団は、1956（昭和31）年3月、戦前日本一の火薬庫と言われた、枚方市香里ケ丘の旧東京第二陸軍造兵廠香里製造所跡地に、香里団地の造成を着工。1958（昭和33）年に入居が開始された。基本計画は、後に大阪万博の会場基本計画を立案する京大の西山夘三*研究室に委託された。西山夘三は、戦時中に住宅営団に属しており、食寝分離をいち早く提唱している。従来の団地とは異なり、学校や病院など、総合的な公共施設を完備した郊外型の住宅都市建設の最初の試みとなる。

1962（昭和37）年4月に造成が完成し、総面積152ヘクタール、戸数6000、人口2万2000人の新都市となり「東洋一の団地」と称された。同年、ロバート・ケネディ司法長官夫妻が視察。また、入居した評論家の多田道太郎が香里ケ丘文化会議を結成し、1966（昭和41）年には多田宅にジャン=ポール・サルトル、シモーヌ・ド・ボーヴォワールが来訪している。香里団地は「香里ニュータウン」とも呼ばれ、公団は日本初のニュータウン、千里ニュータウンの開発にも携わっていく。

＊ 西山夘三
（にしやま・うぞう、1911～1994）
大阪生まれ。建築家、建築学者。戦前より集合住宅に関する研究に従事し、食事と就寝を別の空間で行う「食寝分離」を提唱するなど、住宅の科学的な研究の礎を作る。大阪万博では、丹下健三と共に、会場基本計画案を作成した。

3章 Chapter 3 1961–1964（東京オリンピックまで）

（Until the Tokyo 1964 Olympic Games）

1961（昭和36）年に大阪環状線が全通、翌年には天王寺民衆駅が完成し、名神高速道路、阪神高速道路、そして夢の超特急新幹線の開通と、交通ネットワークが発達した時代。歩車分離から始まった地下街の発達は歩行者に新たな空間体験を提供し、建築は都市と有機的に、そして立体的に結ばれていった。

阪神高速道路

都心に浮かぶ空中道路と新しい視覚の獲得

河川の上に建てられた阪神高速道路。

昭和30年代に入ると、大規模郊外住宅の建設と、自動車保有者が増加し、大量に流れ込む自動車によって都心部は深刻な渋滞に陥ることになる。首都圏では渋滞解消のために、1959（昭和34）年に首都高速道路公団が設立され、1962（昭和37）年に首都高速道路が京橋〜芝浦（4・5キロ）間が開通。東京オリンピックに向けて急速に整備されていった。

関西でも東京の動きに刺激を受け、阪神高速道路が提唱された。しかし、政府は高速道路の公団は首都圏だけの方針であった。そんな折の1960（昭和35）年10月6日に、福島区の中央卸市場付近で始まった交通渋滞が、市北部全体に及んだ。後に「悪夢の十時間マヒ」と呼ばれ、交通渋滞の解消は待ったなしであることが明白となった。

それを受け、関西財界の政府省庁や政治家への陳情も活発になり、1962（昭和37）年に阪神高速道路公団（現・阪神高速道路株式会社）が設立された。その最初が阪神高速道路1号環状線となる。1964（昭和39）年6月、大阪市西区の土佐堀から浪速区の湊町までの2・3キロ（当初は現在とは逆の南行き一方通行）の供用が開始、順次延伸され1967（昭和42）年3月完成した。

しかし、都心を走る阪神高速環状線建設にあたり、ただでさえ狭い大阪の都心部にはすでに用地買収をする土地はなく、川や堀が目を付けられることになった。そして、阪神高速環状線は、西横堀川・堂島川・東横堀川・高津入堀川・難波入堀川の上を通ることになった。

川の景観を壊すという否定的な意見もあったが、工場や家庭の排水の汚濁と悪臭で忌避されていたこと、当時のメディアの未来の都市像において、空中の道路が頻繁に描かれていることからも、好意的に受け入れられた面もある。都市に浮かぶ高速道路は、未来都市を想起させたに違いない。

また、高速道路がもたらした、立体的な視覚は、都市や建築の見え方も変えた。高速道路は、ビル間を潜り抜けて、都市を体感する新たなパノラマ装置になったのである。

大阪環状線

戦前からの線路をつないだ、都心部の輪郭線

高架工事を行う大阪環状線、弁天町付近。　産経新聞社 提供

大阪〜福島（天王寺〜新今宮）の19駅、全長21・7キロ、一周約40分で周る大阪環状線は、大阪の都心市街地を示す都市のエッジの役割を果たしている。なかでも、阪急・阪神梅田駅と隣接し、京都・兵庫方向の路線と接続する大阪駅、近鉄の大阪阿部野橋駅と隣接する天王寺駅は、大阪の南北を縦貫する地下鉄御堂筋線とも連絡しており、関西有数の巨大ターミナル駅となっている。

接続する各線と直通運転も盛んであり、大阪の鉄道交通網の中心的役割を担っているが、「環状」になるまでの歴史は長い。戦前は、大阪駅から南東側の京橋方向へ延び、天王寺を経て湊町に至る大阪鉄道（後に関西鉄道）の城東線。大阪駅から南西側の西九条方面に延び、桜島に至る西成鉄道の西成線が延びていた。つまり、これらは近代都市の輪郭線でもあった。もともと両方とも私鉄であったが、鉄道国有法で国鉄となっている。

1961（昭和36）年、旅客線としては未開通であった天王寺〜西九条間が結ばれ、大阪環状線は全通する。しかし、当初、西九条駅は乗り換えが必要であった。1964（昭和39）年3月、高架駅となり、乗り換えなしの環状運転が行われるようになった。ほとんどが高架駅であり、大阪市街地を一望しながら周れるため、都市の規模を体感できる。ただし、京橋〜森ノ宮間は高架ではない。区間には戦前に大阪砲兵工廠があり、偵察を防ぐために高い塀で覆われていた経緯がある。「大阪築城400年まつり・大阪城博覧会」開催に合わせて、1983（昭和58）年に開業した最も新しい大阪城公園駅は、地上駅として痕跡を残している。

↑当時画期的だった全面ガラスカーテンウォールの外観。右端にガラス清掃用のゴンドラが下りているのが見える。ビルの左隣（北側）には、まだ木造の建築が残っていた。

➜1965（昭和40）年の御堂筋の街並み。この頃に高さ31メートルで揃ったスカイラインが形成された。

日本板硝子本社ビル

オフィスビル最前線としての御堂筋

御堂筋沿道で本格的なオフィスビルの建設が最も活発になるのは、1960年代の前半だ。淀屋橋から本町までの区間に限ってみても、5年間で実に13棟が建っている。近世以来、大坂商人にとっては「御堂さん（北御堂・南御堂）の屋根がみえるところ、鐘の聞こえるところで商売するのが夢」であったが、この頃には御堂筋に面してビルを建てることが企業の大きなステイタスとなり、ビルの設計者にとっても、大きな誇りとなっていた。

1918（大正7）年に大阪で創業した日本板硝子は、戦後いち早く生産態勢を整え、復興に伴う板ガラスの需要増加によって規模を拡大、それまで住友ビル（現・三井住友銀行大阪本店ビル）に本社を置いていたが、1950（昭和25）年に自社ビルの建設を決意、その翌年には早くも御堂筋に土地を確保している。しかし当時の不安定な経済情勢に対応すべく、政府が金融引締策を打ち出し、日本板硝子の新築工事についても抑制の協力要請が出たため、建設延期を余儀なくされた。さらに創立40周年を迎える1958（昭和33）年完成に向け、工事に着手しようとしたところ、次はなべ底景気と呼ばれる不況が到来、本社ビルの建設は再び延期の憂き目にあう。そして景気が急に好転した1959（昭和34）年11月、ようやくに着工へとこぎ着け、本社ビル建設決定から実に11年を経て、1961（昭和36）年に完成した。御堂筋の歴史を紐解くと、日本板硝子のように戦後間もなく、あるいは既に戦前に沿道の建設用地を確保していた企業は少なくない。しかし戦争時の厳しい建設制限、また戦後復興期の金融抑制などによって長らく待ったがかかり、1960年頃に一気に開放されたというのが、ビルブームの一側面である。

ガラスメーカーにとってビルの外装は格好の広告塔と捉えられ、日本初の全面ガラスカーテンウォールが採用された。当時の日本には高層ビルにガラスを多用することへの「不安感論争」などがあったものの、日建設計と施主でありメーカーでもある日本板硝子、そしてサッシメーカーの3社によってさまざまなテストが実施され、各種性能や耐震性などの安全性が確認されて、日本でガラスカーテンウォールが普及していく契機となった。完成当時、まだ御堂筋には木造の低層建築が残るような状況だったが、ここから一気に高さ31メートルのスカイラインが形成され、御堂筋の都市景観が完成する。【現存せず】

建設地=大阪府大阪市中央区道修町3／建設年=1961（昭和36）年6月／構造・規模=SRC造8階、地下2階／設計=日建設計工務／施工=竹中工務店

↑1966（昭和41）年の天王寺駅。9階建部分がすでに増築されている。

←同じ頃の天王寺駅周辺。橋のように線路に架かる駅ビルの様子がよくわかる。右端に見えるのは村野藤吾による近鉄百貨店。

天王寺民衆駅

民活のはしり、大阪唯一の「民衆駅」

国鉄天王寺駅（現・JR天王寺駅）は、全国で27番目に完成した大阪で唯一の民衆駅だ。民衆駅とは、国鉄の駅舎を建設する際、民間がその費用の一部を負担する方式で、駅舎内での商業活動が認められる。戦後の復興期、国鉄は被災した線路や車輌を整備して輸送力を回復することを優先したため、駅舎の再建になかなか手が回らず、民間の手を借りようと考えて編み出された。1948（昭和23）年7月に建設承認を得た豊橋駅から、1971（昭和46）年11月の津駅まで、全国で55駅が民衆駅として改築されている。

天王寺駅は終戦後も長らく木造の仮設駅舎だったため、1950（昭和25）年12月には、地元の事業者らから国鉄に対して民衆駅建設の請願が出された。しかし話はうまくまとまらず、1959（昭和34）年4月、実に6回目の請願でようやく通り、その年に近鉄や南海ら周辺の事業者らによって天王寺ステーションビルディングが設立され、1960（昭和35）年2月に正式に建設が認可されて着工にこぎ着けた。

天王寺駅は、その立地に大きな特徴がある。上町台地の周辺市街地より低い堀割を線路が通るため、駅舎はその両側を跨ぐいわゆる跨線橋《こせんきょう》型となり、西の駅前に架かる阿部野橋が駅前広場の役割を果たしていた。実は天王寺駅は1937（昭和12）年に大規模な建て替えが着手され、地上4階建屋が建設される予定だったが、戦時の鉄骨統制により地下の鉄骨が組み上がった段階で中断を余儀なくされ、阿倍野橋は完成したものの、地上の駅舎は木造の仮設となった経緯がある。

新たな民衆駅はその地下の鉄骨の構造体を基礎に用いるため、徹底した軽量化を図り、階数も5階に抑えられた。正面を見ると左上に浮いたボックスのように9階部分が載っているが、これはこの下にある現在の阪和線が終着駅のホームで、新たに基礎工事を行っても鉄道の運行に支障をきたさなかったことから、当時の高さ制限31メートル一杯の9階で建てられたものである。つまり天王寺駅のボリュームとファサードの構成は、鉄道の運行を簡単には止められない駅舎建築特有の制約のなか、戦前の遺産を引き継いで考え得る、最も合理的な形ということになる。それでも通路、改札などの切り替え作業は実に30数回に及び、終電後の作業が続く難工事となった。

設計は躯体と国鉄部分の内装を国鉄大阪工事局建築課が、民間部分は安井建築事務所が担当した。工事中に安井の社長に就任することになる佐野《さの》正一《しょういち》は、鉄道省のOBで京都駅など駅舎設計の実績があり、全体の中心的な役割を担った。水平線を協調する山形リブのアルミスパンドレルは濃いグレー色だったが、佐野によると、近くに建つ四天王寺の瓦の色を踏襲したものだという。

当初は構内に映画館があり、竣工から2001（平成13）年8月まで都ホテルが営業していたが、改修とテナントの入れ替えが頻繁に行われ、1995（平成7）年に天王寺ミオが開業したことを受けて、2013年（平成25年）以降は天王寺ミオプラザ館と名称を変えて商業施設化が加速した。外装もグレーから白いパネルへと変更され、内部も当時の面影を残す部分はほとんどないが、西側正面の連続水平窓と全体のプロポーションは、往時の姿をとどめている。

建設地＝大阪府大阪市天王寺区悲田院町／建設年＝1962（昭和37）年9月／構造・規模＝SRC造、S造5階一部9階（一部中2階）、地下2階／設計＝日本国有鉄道、安井建築設計事務所ほか／施工＝奥村組

戦争の影響により途中で完成させた第１期の全景。

２期の工事はまず西の敷地に４階建を延長し、次に全体を８階まで増築した。

大阪神ビルディング

大阪駅前とともに成長続けた大百貨店ビル

百貨店建築というと、阪急ビルや南海ビル、心斎橋大丸といった大大阪時代の華やかな近代建築がまず思い浮かぶが、戦後も新たな百貨店建築は生まれ、そして既存の百貨店もほとんどが大規模な増築と改修を重ねていった。

大阪で戦後の百貨店建築の代表的存在となると、やはり大阪駅前の大阪神ビルだろう。しかしその計画自体は古く、昭和のはじめにまで遡る。当時阪神電鉄の終着駅は現在地から西に約300メートル、今のハービスが建つ場所に梅田停車場があった。大阪市は大阪駅前の再開発を進めるなか、整備した後の土地の買い取りを阪神電鉄に要請、阪神側も計画の進む大阪市営地下鉄との連絡を要望してきたこともあり両者の思惑が一致、紆余曲折はあったものの、最終的に阪神は現在の土地2300坪の確保に成功する。

阪神電鉄は延伸する地下線とホームに要する巨額の工事費を回収するため、新たな終着駅にターミナルデパートを設けることを構想し、1931（昭和6）年には南海ビル（高島屋大阪店）の設計などで知られる久野節の設計が完成、これが阪神百貨店の最初の計画となる。その後1936（昭和11）年11月に大林組の施工で地下延伸線と駅舎の移設工事が始まり、翌年には新たに計画された梅田阪神ビルの工事が続く。その規模は地上8階・地下2階、延べ7万3千平方メートルに及び、駅舎機能の他は全て百貨店とする壮大なものだった。ところが当時の阪神は百貨店を直営するつもりはなく、大阪駅前進出を考えた髙島屋が入居する約束になっていた。

しかし戦時の経済統制によって計画は大幅な縮小を余儀なくされ、建築工事は高さ4階、敷地の東側部分の約3分の1にまで縮小されたかたちで1941（昭和16）年4月にやむなく完成、髙島屋との話も白紙となった。阪神は地上階を事務所として使い、地下に直営の「阪神マート」を前年に開店、この小さな売場が阪神百貨店の母体となる。

戦時は物資配給所としての役割を担い、戦後の混乱期も休業することなく細々と営業を続けていたが、1950（昭和25）年の朝鮮戦争に伴う特需景気で消費需要が高まり、翌年に「阪神百貨店」と名称を変更、その後は拡大成長を続けて1958（昭和33）年と1961（昭和33）年の2度にわたって、大規模な増築工事を行った。最初の地下線延伸から四半世紀を経て、ここに悲願であった大阪駅前の大百貨店ビルが実現、ビルの名称も「大阪神ビルディング」へと改称された。なお、百貨店法の制限からいきなり全館百貨店にはできなかったため、ビルの新築部西側にはナショナル（現・パナソニック）やテイジンなどが、テナントとして入居した。

水平連続窓が御堂筋に合わせてカーブする、いかにも戦後のモダニズム建築らしい外観は、2002（平成14）年にアルミパネルでリニューアルを実施。そしてかつては阪神の百貨店出店に反対を表明し、長らくライバル関係にあった阪急と経営統合が実現したことを受け、隣りに1962（昭和37）年に建てられた、これも戦後の大阪を代表する新阪急ビルとの一体的な再開発が進んでいる。道路の上空を跨いだ大型の超高層ビル「大阪梅田ツインタワーズ・サウス」が、2022年に全面完成する予定だ。【現存せず】

建設地＝大阪府大阪市北区梅田1／建設年＝［1期］1941（昭和16）年4月・［2期］1958（昭和33）年3月・［3期］1963（昭和36）年6月／構造・規模＝SRC造11階、地下5階／設計＝大林組／施工＝大林組

1963（昭和38）年、遂に全貌を現した大阪神ビル。
逆L字の増築部分がデザインとして表現されている。

阪神電車
阪神百貨店

上六・下寺町防災建築街区

都市の不燃化と高度利用を追究した大再開発

第二次世界大戦の空襲によって焼け野原となった日本の都市は、戦後の復興過程で低層の木造建築がいち早く建てづまり、再び木密都市と化した。都市の不燃化と高度利用、つまり建築の高層化と共同化の推進は、都市計画上の最も大きな課題のひとつだった。

都市の不燃化に向けて国が最初に打ち出したのが、1952（昭和27）年に公布された耐火建築促進法で、これは都市の幹線道路に面した建物を防火建築帯に指定し、耐火建築への建て替えに補助を出そうというもの。都市全体を一度に不燃化することは不可能なので、主要道路の両側に建つ建築を巨大な防火壁とすることで、火災の延焼を最小限に食い止めようと考えた。その際、個別バラバラの建て替えではなく、連続する土地が共同してひとつの建築、「共同建築」を建てることを推奨した。しかし補助金の額が限定的であったこともあって期待したほど普及せず、大阪では連続した防火建築帯にまでは至らなかった。

そもそも防火建築帯は個別の建築の不燃化を目的としたため、都市的な視点、都市の再開発についてはよく考えられていなかった。そこで次に制度化されたのが、1961（昭和36）年に公布施行された防災建築街区造成法で、1969（昭和44）年の都市再開発法に吸収されるまで事業が推進された。これは街区ごとに防災建築街区を指定し、権利者らが構成する組合が主体となって、計画的な耐火建築の建設によって不燃化を図り、都市の機能性を増進させようというものだ。法律廃止後の経過措置期間を含めると、全国541の都市で824の街区が造成されたという。

大阪市では最初に事業が完了した阪神千船駅前から、街区面積3・93ヘクタールにも及ぶ新大阪駅まで、6つの事業が実施されたが、最も代表的な防災建築街区事業といえば、上六・下寺町防災建築街区になるだろう。この事業は大阪の東の玄関口、近鉄上本町駅前（上本町6）から千日前通沿いに松屋町筋の交差点（下寺町）まで、約700メートルの間にある北側11の街区を防災建築街区にしようとした壮大なものだ。事業は3つに分けられ、1962（昭和37）年3月に最初の指定を受けた3街区から始まり、1969（昭和44）年7月、最終的に6つの街区に合計11棟の耐火建築が建設されて事業は完了となった。最も特徴的なのは最初の事業で3つの街区に建設された4棟の高層ビル群で、土地の高度利用によって都市部の圧倒的な住宅不足を改善する目的から、日本住宅公団による市街地住宅、いわゆる「ゲタばき」方式が採用された。低層部分に権利者の事業所や店舗を組合の負担で建設し、4階から10階に公団の事業として共同住宅を建設する。これによってスカイラインの揃った、市街地住宅らしいバルコニーのない壁面が、谷町九丁目の交差点を挟んで連続する都市景観を生みだした。

そもそも上六・下寺町防災建築街区が構想された一帯は、戦災復興土地区画整理事業（南東平高津地区）に該当し、街区の再編と合わせて東西の千日前通（正式名称：泉尾今里線）、南北の谷町筋（正式名称：長柄堺線）の拡幅が万博の開幕に向けて進められたエリアで、千日前通が北に向かって拡幅されることに伴い、公団から地元への働きかけなどがあって、連続的な防災建築街区が計画されることになった。この界限では谷町筋を

☛ Ueroku-Shitaderamachi Disaster Prevention Building District

少し北に上った谷町6・7丁目エリアにおいても、大阪駅前に続く市街地改造事業によって沿道に9階建の再開発ビル4棟が1970（昭和45）年に完成し、本書の対象期間からは外れるが、都市再開発法によって近鉄上本町駅の西側には1979（昭和54）年にうえほんまちハイハイタウンが完成する。言わば上本町一帯は20世紀後半の日本における都市再開発手法のショーケースといった様相を呈しており、近代都市計画遺産としてもっと注目されてよいエリアといえる。

◎上六センタービル　建設地＝大阪府中央区上汐2／建設年＝1966（昭和41）年1月／構造・規模＝RC造10階、地下2階／設計＝中沢建築事務所／施工＝近畿建設

◎東谷町ビル　建設地＝大阪府中央区谷町9／建設年＝1967（昭和42）年8月／構造・規模＝SRC造10階、地下2階／設計＝三座建築事務所／施工＝淺沼組

◎上町第1ビル・大和会館　建設地＝大阪府中央区中寺2／建設年＝1963（昭和38）年9月／構造・規模＝RC造10階、地下1階／設計＝共同設計／施工＝淺沼組

◎新谷九ビル　建設地＝大阪府中央区谷町9／建設年＝1966（昭和41）年4月／構造・規模＝RC造10階、地下2階／設計＝共同設計／施工＝淺沼組

↑左から上町第1ビル・大和会館、新谷九ビル、少し離れて上六センタービル。東谷町ビルはまだ建っていない。

←工事中の上町第1ビル・大和会館。前を通る千日前通はまだ拡幅が進んでいない。

谷町筋上空から北を望む。
東谷町ビルが完成し、奥には谷町地区市街地改造事業によって建設された
再開発ビルが沿道に並ぶ。

千里ニュータウン

戦後のライフスタイルを生み出した、新しい郊外都市

高度経済成長期に入ると大阪も人口の急増によるスプロール化（無秩序な都市の拡張）が課題となった。そのため大阪府は、1955（昭和30）年頃から大規模郊外住宅地の開発を千里丘陵の吹田市・豊中市にまたがる地域に「千里ニュータウン」を構想する。

千里丘陵は平安時代には大伽藍があるなど歴史のある土地であったが、応仁の乱で大部分が焼失。江戸時代以降、水不足のため稲作に向かず、竹林が植えられ筍の産地となっていた。1921年（大正10年）に開業した北大阪電気鉄道が千里丘陵南部に遊園地や宅地、霊園を開発していたが大部分は未開発であり、都心とわずか10～15キロという恰好の土地であった。

1957（昭和32）年度には、日本住宅公団も京都大学西山研究室に、千里丘陵での開発計画の研究を委託。1959（昭和34）年度には大阪府が東京大学高山英華研究室[*1]にマスタープランを委託し、試行錯誤の末、1962（昭和37）年に大阪府の決定案が作成された。

マスタープランには、イギリスのマークⅠ（第一世代）ニュータウンやスウェーデンの住宅地計画をモデルに、アメリカの都市計画家、C・A・ペリー[*2]によって1920年代に提唱された「近隣住区理論」、それを郊外開発に適用したラドバーン・システムと言われる歩車分離手法、囲み型配置などが採用された。

千里中央・北千里・南千里の地区センターを中心に、南・北・中央の3地区に分け、千里中央に百貨店、ショッピングセンター、地域ガス供給施設などを集積させた。さらに、60～100ヘクタールを単位とする「12の住区（小学校区）」に分け、道路・鉄道・公園・学校・商店などを計画的が配置された。

1960（昭和35）年、千里ニュータウンは大阪府の「一団地の住宅施設経営」事業に決定され、企業局が事業主体となって、翌年から先行地域の661ヘクタールの造成が着手、1962（昭和37）年11月にまち開きが行われた。1963（昭和38）年には、新住宅市街地開発法が制定され、翌年、初適用されたことで、残りの499ヘクタールは新住宅市街地開発事業に切り替えられた。

そして、開発面積1160ヘクタール、3万7300戸、計画人口15万人の規模を持つ、日本最初の大規模ニュータウン開発となり、大阪府営住宅・市営住宅、大阪府住宅供給公社、日本住宅公団を中心に社宅や民間住宅なども含めたさまざまな住宅が作られていく。

1970（昭和45）3年には事業が完了。当初「陸の孤島」と言われた交通網も万博が開催されること整備され、20世紀の都市と21世紀の未来都市が並んで出現することになった。

千里ニュータウンが日本全体の住宅開発に与えた影響は計り知れず、戦後の都市計画の代表的試みとなった。2003（平成

千里ニュータウン（手前）と並ぶ大阪万博会場（奥）。

15）年には、DOCOMOMO JAPANの日本におけるモダン・ムーブメントの建築に選定されている。空き家や高齢化した住民が問題となっていたが、近年、さまざまなリノベーションの試みが行われ、若い家族を呼び込む政策によって新たに注目されている。

＊1 高山英華
（たかやま・えいか、1910- 1999）

都市計画家、建築家。戦前より都市計画に従事し、戦後は戦災復興都市計画をはじめとして、さまざまな都市計画事業をまとめる。都市工学の先駆者。「オリンピック代々木競技場および駒沢公園の企画設計ならびに監理」（1964）「高蔵寺ニュータウン計画」（1969）など。

＊2 クラレンス・アーサー・ペリー
（Clarence Arthur Perr、1872-1944）

アメリカの社会学者、都市計画家。小学校を必要とする人口を一単位と設定し、利便性と快適性を確保する「近隣住区単位」の概念を提唱した。この原則は諸国の実情に合わせて調整されながら、ハワードの田園都市についで各国の住宅地開発計画に大きな影響を与えた。

ガラスのボックスと独立した大屋根の組み合わせが、開放感のある空間を生みだしている。

名神高速道路大津レストハウス

マイカー時代の新建築

新幹線の計画が、戦前に進められた東京と下関を結ぶ「弾丸列車」の構想を下敷きにしたように、高速道路についても「弾丸道路」の調査が進められ、一部分は実施設計まで行われたが、戦争の影響で頓挫した。戦後になって複数のルートが各方面から提案された後、1957（昭和32）年に国土開発縦貫自動車建設法などの関連法案が公布され、まずは名神高速道路を整備することになった。1958（昭和33）年10月に起工式が執り行われ、1963（昭和38）年7月に尼崎～栗東間71キロメートルが開通、翌64年4月に栗東～関ヶ原間69キロメートル、同年9月に関ヶ原～一宮間34キロメートルと西宮～尼崎間7キロメートル、さらに65年7月に小牧～一宮間8キロメートルが開通して、ここに日本初の高速道路として全線189キロメートルの道路が完成、一般の自動車が国土を100キロメートルで疾走する時代が到来した。

名神高速道路には、約50キロメートル毎に計4か所のサービスエリアが設置され、そのレストハウスの設計を錚々たる建築家が担当することになった。具体的には、吹田SAを浦辺鎮太郎《うらべしずたろう》、大津SAを村野藤吾、多賀SAを丹下健三、そして養老SAを坂倉準三の各事務所が設計している。

最初にオープンしたのは村野藤吾による大津SAで、琵琶湖を見下ろす山腹の景勝地に整備されたサービスエリアの中核施設として、食堂と売店、公衆トイレなどを備えたレストハウスが、上り線と下り線の両方に建てられた。そのデザインは細い柱材で薄い大屋根を支え、食堂は全面ガラス張りという、現代の建築かと見紛う透明感の高い建築になっている。標高の高い下り線側は2階建にして、琵琶湖の景色を楽しむ屋上テラスが設けられた。しかし一見してわかるようにその規模は非常に小さく、すぐにパンクしてしまうのは明らかだが、その背景には付属施設に対する厳しい予算の制限があり、大津SAのテラスハウスが開通から2か月以上遅れたのも、予算縮小に伴う変更を余儀なくされたことにある。村野は予算の厳しさを逆手に取って、このようなミニマムなデザインにしたのかもしれない。実際、使い勝手はあまり良くなく、何より暑くて仕方なかったようである。

大津以外の3か所も、1966（昭和41）年4月まで完成がずれ込んだが、同じ機能と制約がありながら、それぞれに個性を発揮したユニークなデザインだった。特に多賀SAを担当した丹下の事務所は、メガストラクチャーによって高速道路を跨ぐ橋のようなレストハウスを「オーバーブリッジ型」として推したが、予算と法的な問題で却下されている。

その後、東名高速道路においても芦原義信《あしはらよしのぶ》、大高正人《おおたかまさと》、清家清《せいけきよし》、黒川紀章《くろかわきしょう》、菊竹清訓《きくたけきよのり》らが起用され、モータリゼーション時代の新しいビルディングタイプに形を与えるべく競い合ったが、コストと効率を重視した標準設計が導入されるにつれて、その姿を消していった。【現存せず】

琵琶湖を見下ろす山腹に設けられた大津サービスエリアの全体。

建設地＝滋賀県大津市朝日が丘2／**建設年**＝1963（昭和38）年10月／**構造・規模**＝［上り線］S造1階・［下り線］S造2階／**設計**＝村野・森建築設計事務所／**施工**＝関組

上り線側に建てられた平屋棟の全景。

↑有機的につながる梅田吸気塔の全景。右奥に阪急航空ビル（P032）、梅田コマ・スタジアム（P050）が見える。

→道路の線形によって切り取られた３角形の敷地。

梅田吸気塔

変幻自在に形を変える地下都市のモニュメント

厳密には建築物と呼べないかもしれないが、戦後の大阪の都市を語る上で、地下街の発達に言及しないわけにはいかない。かつて御堂筋には、幅員44メートルの大道路を歩行者が安全に横断できるよう、3か所に地下道が設けられていた。そこに戦後の復興期、そのうちの順慶町の地下道に店を出させてほしいと地域から要望があり、出店を認めたところ地下道の通行が活発になって、他の2か所も同様に明るく評判になったというのが、大阪における地下街的空間の最初と言われている。その後本格的に建設されていく地下空間も、第一の目的は交通対策、ターミナル駅前における人車の交通量の激増がもたらす慢性的な交通渋滞を緩和し、歩行者の安全を確保することにあった。

大阪の地下街といえば、その規模と複雑さから大阪駅前が全国的に有名だが、最初に建設された地下街は難波駅前で、1957（昭和32）年にナンバ地下センター（現・NAMBAなんなん）がオープンした。当時もなぜ最初に大阪駅前ではないのかと疑問が出たそうだが、いきなり大阪駅前を手がけるには余りにもハードルが高すぎ、まずは難波で経験を積んで、その成果を活かして次に大阪駅前をと考えたらしい。

ウメダ地下センター（現・ホワイティうめだ）の工事が着手されたのは1961（昭和36）年3月、阪急百貨店と阪神百貨店、新阪急ビルに大阪富国生命ビルの地下階をそれぞれ結び、地下鉄御堂筋線と計画の進む谷町線とを連絡する総面積1万9千平方メートルに及ぶ地下大空間は、「世界一のマンモス地下街」と話題になった。

地下街の設計は大阪地下街株式会社と大阪建築事務所（現・大建設計）が担い、大林組が工事を請け負ったが、各ビルに囲まれた交差点に設ける地上の吸気塔は、建築家・村野藤吾に依頼された。村野は14〜15メートルの高さの5本の筒を、彫刻的なオブジェとしてデザイン、ステンレスの板を1枚1枚リベットで留めていく板金の技法で、有機的な曲面を表現した。その姿は見る角度や天候によって不思議なくらいに印象を変える。現在周囲は空調の室外機置場となり、まわりを植栽で覆っているが、当時の写真を見ると噴水が設けられていたことがわかる。近年大阪駅前は大規模再開発が進み、主な20世紀の建築はほとんど残っていない。その意味で、この吸気塔は地下街のシンボルであると共に、20世紀大阪駅前の貴重なモニュメントとなっている。

ライトアップされた夜景。足元に噴水が見える。

建設地＝大阪府大阪市北区曽根崎2／建設年＝1964（昭和39）年2月／構造・規模＝S造／設計＝村野・森建築事務所／施工＝大林組

↑山門の奥にそびえる宝形造の大屋根。周辺の街区と比べて別格に広い敷地を有している。

→屋根工事中の様子。

本願寺津村別院（北御堂）

コンクリートにふさわしい仏教建築の新様式

寺社仏閣といえば、伝統的な木造建築ばかりとは限らない。戦後の日本において、コンクリートや鉄といった現代の技術で如何に日本の伝統を表現するか、それは大きなテーマだった。とりわけ戦災を受けた都心部は、都市計画法の防火地域に指定されて大型の建築は木造で建てることができず、社寺建築を再建する際は耐火建築とすることが求められた。

御堂筋の名称の由来となった北御堂と南御堂、正式名称本願寺津村別院と真宗大谷派難波別院も同様であった。船場の町のどこからでも大屋根を望むことができた北御堂の大伽藍は、大阪大空襲によって灰燼に帰した。信者の熱意によって1951（昭和26）年には仮本堂が建立されたが、わずか3年後にこれも焼失。本格的な新本堂の再建は、当時東京大学の名誉教授であった岸田日出刀《きしだひでと》に依頼された。岸田は戦前から戦後にかけての日本の建築界の重鎮で、東大の安田講堂など作品は多くないが、丹下健三や前川國男といった多くの逸材を輩出した教育者であった。

岸田が鉄筋コンクリートの寺院建築に与えた造形は、宝形造《ほうぎょうづくり》と呼ばれる棟のない大屋根だった。そして屋根の下部をコンクリート打放しの軒線で縁を切り、木組みを表現した力強い柱と梁が全体を支えている。伝統的な日本建築の様式を再現したというよりは、新たな仏教建築のあり方を提案したようなデザインだ。御堂筋に面しては大階段が設けられ、敷地の幅一杯の山門をくぐると、さらに本堂まで一直線に階段が伸びる。これは本堂の威厳を高めるだけでなく、都心の一等地の高度利用を図るため、1階部分に会議や宴会に使える貸会場を設け、その上に寺務機能を収めた立体的な構成の反映でもある。

昔から寺院の境内は信仰の場所であると同時に、市民の集う広場的空間でもあった。特に町人街として発展してきた北船場には現在も公園が全くなく、基壇によって持ち上げられた山門の先に広がる芝生広場は、周辺のオフィスワーカーにとって憩いの場となっている。また1階の貸会場が退去したあと、2019（平成31）年1月に北御堂ミュージアムがオープン、年末には本堂全体をカンヴァスにした最先端のプロジェクションマッピングを披露するなど、都市に開かれたお寺として、活発な活動を展開している。

建設地＝大阪府大阪市中央区本町4／建設年＝1964（昭和39）年4月／構造・規模＝RC造、一部S造6階、地下1階／設計＝岸田日出刀／施工＝清水建設

都市に白い白線を引いたかのような、工事中の阪神高速道路。

阪神高速道路1号環状線

空中を拡幅していく新大阪時代の道路事業

工事中の朝日新聞ビルをくぐり抜けるS字カーブ。

建築ではないが、この時代の大阪の都市改造を語る上で欠かせないプロジェクトとして、阪神高速道路の建設を取り上げる。

モータリゼーションの進展によって都心の交通事情が日増しに悪化する中、自動車専用高速道路の必要性が叫ばれ、日本道路公団、首都高速道路公団に続いて、1962(昭和37)年5月に阪神高速道路公団が発足し、大阪市内4路線、神戸市内1路線、総延長52・4キロメートルの高速道路を、1970(昭和45)年までの間に整備する基本計画が示された。

最初に着手されたのは大阪の都心をループで結び、郊外へと伸びる放射路線と連絡する1号環状線で、公団発足からわずか半年後に工事が始まった。1号線の用地はできるだけ私有地を避け、45%が河川上の高架となり、まずは土佐堀川から道頓堀川までを南北に流れる西横堀川を対象に進められた。河川に基礎を設ける工事は費用がかさみ、1メートル当たりの金額は名神高速道路の2倍になったという。

1964(昭和39)年6月、阪神高速道路網のトップを切って、土佐堀~湊町間の2・3キロメートルが現在とは逆の南行き一方通行でオープン、次いで11月には出入橋~土佐堀間の0・8キロメートルが開通し、キタとミナミが「3分」で結ばれた。住友ビルや大同生命ビル、朝日ビルといった大阪を代表するビルの林立するビジネスセンターを縫うようにして、土佐堀川にS字カーブを描く箱桁《はこげた》形式の高架道路は、幾多の技術的困難を乗り越えて完成した、世界に例を見ないものである。あえて逆の曲率でカーブを繋がなければならなかったのは、位置の揃わない中之島の堀川と西横堀川をつなぐ必要があったからだが、中之島の堀川は埋め立てられて朝日新聞ビル(1968)の一部となり、ビルの低層部をくぐり抜けるという、非常に珍しい構造となった(中之島フェスティバルタワー・ウエストへの建て替えに伴い分離された)。なお、環状線が一周して完成するのは、1967(昭和42)年のことである。

西横堀川に柱脚が建設されていく様子。

さらに1970(昭和45)年の大阪万博開幕の決定が、阪神高速の建設に拍車をかけた。1967(昭和42)年8月、阪神高速道路は既供用区間を含めて7路線、総延長約80キロメートルが万国博関連事業として決定、万博開幕までに74・1キロメートルを完成させた。そのなかには、船場センタービル(P142)も含まれている。

建設地=大阪市中央区土佐堀~湊町/建設年=1964(昭和39)年6月/設計=阪神高速道路公団

新大阪駅

高速ネットワークを結ぶ副都心の建設

本書で取り上げた新朝日ビル(P056)や新ダイビル(P064)の他にも、新住友ビル(1962)や新阪急ビル(1962)など、高度経済成長期の大阪を代表する建築には、「旧」ビルに対して「新」を冠したビルが多い。その意味で東海道新幹線の新大阪駅は、「新」を2つ重ねた、この時代を最もよく表す建築といえるだろう。1874(明治7)年に建てられた梅田の「旧」大阪駅が、当時の都市域の辺縁に計画されたのと同様、新幹線の新駅も、広がり続ける都市・大阪の新たなフロンティアに計画され、周辺一帯を新しい副都心に整備するビジョンが示された。戦前、朝鮮半島や中国大陸への輸送路確保のために計画され、新幹線にも大きな影響を与えたいわゆる「弾丸列車」では、大阪は現在の東淀川駅を「新大阪駅」とする予定であったが、最終的に南へ少しずれ、1960(昭和35)年1月、淀川区にある国鉄(当時)宮原操車場付近に設けることで決着をみた。

建設用地は東海道本線、宮原操車場の回操線、そして北方貨物線の国鉄3線に囲まれた三角地帯で、それに加えて地下鉄御堂筋線の高架線と、都市計画道路御堂筋線の高架道路(新御堂筋)が計画されるという、極めて複雑な交通動線の交差とその連絡を解く必要があった。そこで東側の東海道線と西側の地下鉄をつなぐように駅舎を架け、2階に駅機能を設けてプラットフォームを3階レベルに設定。また今後も増加を続けるだろう自動車利用を見越して2階に人工地盤を設けて交通広場とし、高架道路とのスムーズな接続を図った。その結果、ガラスカーテンウォールとアルミスパンドレルからなる、400メートルの長く四角い筒が上空に持ち上げられたような、極めて軽快な外観が現れた。これ以上に時代の「スピード」を直接に体現した建築は、他にないだろう。

周辺のまちづくりは土地区画整理事業によって進められ、新幹線の計画と歩調を合わせて1961(昭和36)年3月に都市計画決定されたが、その後28年をかけて1989(平成元)年にようやく事業が完了した。新大阪駅の計画地を中心に、土地区画整理事業としては異例の約288ヘクタールが事業区域に設定され、将来副都心としてビジネスセンターが形成されることを想定し、街区はスーパーブロックによって区画された。なお、本事業とほぼ同時にスタートした大阪駅前市街地改造事業における権利者の反対運動に対応するため、繊維街の集団移転用地が新大阪駅周辺区画整理事業に組み込まれ、1969(昭和44)年9月に新大阪センシティーとして完成している。

1959(昭和34)年4月には千里ニュータウンの建設計画が発表されて地下鉄御堂筋線と新御堂筋の北への延伸が具体化し、新幹線が開通する1964(昭和39)年10月1日の一か月前には名神高速道路が全面開通、そして1965(昭和40)年4月には日本万国博覧会の会場が千里丘陵に決定する

新幹線の初出発を控えたプラットホーム。

など、これまで整備の立ち遅れていた大阪北部に俄然注目が集まり、各々の計画が複雑に絡み合いながら開発が進んでいった。

現在の新大阪駅構内は内装やテナントが一新され、駅北側にはかつて構想のあった阪急電鉄の新駅の用地に、新大阪阪急ビルが建つなど、新大阪駅をめぐる状況は大きく変化した。それでも交通広場を前にして見る伸びやかな駅舎の姿は、最良のモダニズム建築の魅力を今も伝えている。新御堂筋の高架道路を自動車に乗って北へ走るとき、ホームに滑り込むように西から新幹線が目の前を横切り、上を見れば大阪国際空港に向けて着陸態勢に入った飛行機が空を低く飛んでいく。この心躍る景色は、20世紀の都市計画が描き出した夢の実現でなくて何だろうか。

建設地＝大阪府大阪市淀川区西中島5／建設年＝［1期］1964（昭和39）年9月・［2期］1966（昭和39）年3月／構造・規模＝S造3階／設計＝大阪幹線工事局、鉄道会館一級建築士事務所／施工＝大林組

完成した新大阪駅と開発途上の周辺地域。地下鉄御堂筋線と新御堂筋は、まだ駅の北側に延びていない。

交通広場に面した伸びやかなファサード。

新大阪

東海道新幹線

新・大阪時代を象徴する高速鉄道とターミナル駅

東海道新幹線の開通と新大阪駅の開業。

東海道新幹線は、飽和状態に達していた東海道本線の輸送力を強化するために、1959（昭和34）年4月から建設が始まり、1964（昭和39）年10月10日の東京オリンピック開幕までの開業を目指した。東京～大阪間を4時間、在来線より広く専用軌道を敷設、最高時速210キロで、世界最高の営業列車を走らせる巨大プロジェクトであった。

戦前の1939（昭和14）年に計画された最高時速160キロで運行する幻の「弾丸列車計画」の際に掘られたトンネルなども活用し、5年半の工期で完成した。「弾丸列車計画」では、現在のJR東淀川駅を「新大阪駅」にする計画で、大阪市の戦後復興計画でも高速鉄道の駅予定地となっていたが、延伸を見越した用地買収などの都合により少し南に新たな駅を作ることになった。

そして、東京オリンピック開幕直前の10月1日に東海道新幹線が開通、国鉄（現・JR）新大阪駅が開業した。新大阪駅は、新幹線・東海道線（在来線）・地下鉄御堂筋線の鉄道、新御堂筋の道路が交差する地点に作られた難工事であった。地下鉄御堂筋線の新大阪駅は、これに先立つ9月24日開業している。1972（昭和47）年には、山陽新幹線の新大阪～岡山開通に伴い起点にもなった。

そのため、駅の構造はかなり複雑であり、3階に改札口とコンコース、2階は商店街と地下鉄への連絡通路、新幹線ホームは4階、在来線のホームは1階となっているが、水平に長い駅舎に上手く収めている。

新大阪駅は、高度経済成長期に作られた代表的な建造物であるとともに、近代において都市の周辺部であった梅田よりもさらに北に都心を拡張させた象徴的な存在であるといえる。まさに、大阪の「新・伸」を体現した建築といえよう。

4章 Chapter 4
1965–1973
（Expo '70 and the end of the high economic growth）
（大阪万博・高度経済成長期の終焉まで）

1965（昭和40）年に千里丘陵での万国博覧会の開催が決定、あらゆる建築と都市インフラが、万博を合い言葉に整備されていく。1970（昭和45）年3月、万博開幕の直前に完成した船場センタービルはその象徴、会場の外に建設された万博建築といえるだろう。そして万博の狂乱もおさまった1973（昭和48）年、東京霞ヶ関ビルから遅れること5年、大阪にはじめて100メートルを超える超高層ビルが完成する。

御堂筋・新御堂筋

戦前・戦後を超えて実現された
南北のメインストリート

ビルの高さが揃う戦後の御堂筋。

御堂筋の拡幅工事は、戦前を代表する都市計画事業だが、当時描いていた姿が現実のものになるのは戦後だといってよい。1919（大正8）年に都市計画法、市街地建築物法（後の建築基準法）が制定され、御堂筋が拡幅されると同時に、いわゆる「百尺規制」（約30・303メートル）の高さ制限のもとで建築が建てられていった。しかし、戦前に建てられた近代建築で、制限いっぱいまで建てられた建築は少なく、高さが揃うことなく終戦を迎えた。

1950（昭和25）年に、市街地建築物法は建築基準法に代わるが、高さ規制は31メートルとなり、実質的に百尺規制は引き継がれた。特定街区や総合設計制度によって、超高層ビルも建てられるようになったが、御堂筋では1995（平成7）年まで規制されてきた。

昭和30年代になると、御堂筋には高さ31メートルの建築が沿道に増え、銀杏並木も成長して御堂筋のアイデンティティが確立される。特に淀屋橋〜本町間の1キロ間は高さ、壁面が揃う美しいスカイラインが形成され、関一の構想が実現したといえるだろう。

一方、新御堂筋も実は戦前から構想されている。1932（昭和7年）の第二次都市計画事業において、北野豊津線の道路事業と地下鉄御堂筋線の高架による延伸、新淀川への新橋架設が計画された。しかし、新淀川大橋の鉄道用の橋脚まで完成したが資金難と戦争の激化のため中断していた。

終戦翌年の1946（昭和21）年には、御堂筋の北伸が再び計画された。1961（昭和36）年に、東海道新幹線の終着駅が、計画延線上に決まったことを受け、工事が再開。新淀川大橋の上流部分（南行車線）が開通した。その後、大阪万博開催が決定し、新淀川大橋下流部分（北行車線）が1969（昭和44）年に供用開始。大阪市北区西天満から箕面市萱野まで全面開通し、後に白島まで延伸した。東西の中央大通と併せて、大阪の南北を貫くメインストリートとなっている。

阪急梅田駅移設拡張工事

ターミナル都市の誕生とムービング・ウォーク

再開発された阪急梅田駅周辺。

阪急梅田駅の高架化は、戦前と戦後の二度行われている。一度目は、1926（大正15）年、箕面有馬電気軌道時代である。しかし、1934（昭和9）年6月1日、東海道本線大阪駅付近の連続立体交差化工事に伴い、地平にあった鉄道省（後の国鉄、現・JR）大阪駅を高架に、高架だった阪急梅田駅を地平にする大工事が行われた。切り替え作業は、深夜の5時間で行われ「世紀の大事業」と言われる。そして、梅田駅も豪華なターミナル駅に生まれ変わり、コンコースには建築史家、*伊東忠太のモザイク壁画などが飾られた。

しかし、戦後になって輸送量が増加し、乗客をさばききれなくなる。東海道本線・環状線を超えて突き出し、阪急百貨店に囲まれた狭いスペースでは、ホームの延伸・拡張に限界があった。1961（昭和36）年、駅を200メートル北側に移設し、高架化する計画され、梅田地区の再開発事業として位置づけられた。しかし、運行しながら移設するため、四期にわたる大工事となる。

1966（昭和41）年阪急梅田駅移設拡張工事が着工。1967（昭和42）年に神戸線、1969（昭和44）年に宝塚線、1971（昭和46）年に京都線が移転された。1973（昭和48）年には京都線が1線増加され、約8年にわたる工事が完了、国内最大級のターミナル駅が誕生する。

1967（昭和47）年には、阪急百貨店と移設して距離の遠くなった阪急梅田駅を結ぶため、動く歩道「ムービング・ウォーク」が設置され、未来都市のイメージをもたらした。大阪万博で話題になる3年前のことである。

また、第二期工事では、阪急梅田駅の地下2階に阪急梅田三番街が作られる。「水都」をイメージし、幅2・8メートル、長さ90メートルもの人工の川や滝を設置され新名所となった。そして、高層ビル・百貨店・地下街などを移設拡張工事を起点として、連結し、梅田に巨大繁華街を作っていく。阪急は、戦前戦後にわたって、都市文化を牽引したといえるだろう。

＊ 伊東忠太
（いとう・ちゅうた、1867-1954）
建築家、建築史家。Architectureの翻訳を「造家」から「建築」に改めた。欧米留学が主流の時代に、アジア留学を敢行。1909（明治42）年に『建築雑誌』にて「建築進化論」を展開。明治以前に遡って日本建築史を創始すると共に、ユニークな設計を行う。代表作品に「平安神宮」（1895）「築地本願寺」（1934）など。

↑御堂ビルの全景。大阪万博開幕に向けて、御堂ビルに事務局が設置された。

→本町から北を見た御堂筋。御堂ビルは道路に面していない範囲も全て同じにデザインされている。

御堂ビル(竹中工務店大阪本店)

31メートル時代が到達したビルの完成形

日本を代表するゼネコンのひとつであり、本書でも繰り返し登場する竹中工務店は、1957(昭和32)年、堂島に小さな本社ビルを初めて建てるが、高度経済成長によって受注が飛躍的に伸びて企業規模が急激に拡大、早くも1962(昭和37)年には自ら手がけた新阪急ビルに、設計部門を分散せざるを得なくなった。そこで長年の夢であった御堂筋に自社ビルを構えることを決め、市電の通る本町通との交差点、北御堂の土地の一角を賃借し、1963(昭和38)年2月に地鎮祭を執り行い工事に着手する。

その頃、竹中の設計部は小川正から岩本博行《いわもとひろゆき》へと設計部長が変わり、岩本は九州支店時代に暖めた「岩本イズム」に基づいて御堂ビルを設計する。岩本イズムとは、日本の伝統的な統一美を重視した当時の竹中独自の建築思想で、工業化が進む建設業界や、個性的なデザインを競い合う建築家の世界に対する、一種のアンチテーゼだったといえるだろう。特にこの時代の竹中工務店は、岩本が九州時代に見出した有田焼のタイルを全国各地の建築によく用いた。岩本によれば、御堂ビルの茶褐色の小口磁器タイルは、日本建築の「木の古くなった色」で、「御堂ビルとイチョウの色を対比したときに、美しく見えるとすれば、それは木の色が伝統的な建築の色であるということがうなずけると思う。」と述懐している。

実際、御堂筋だけを見ても、御堂ビルの翌年に竣工する竹中設計のイトゥビルには、同じ茶褐色のタイルが全面に張られ、現在は改修によって金属パネルとなっているが、御堂ビルの南隣に建てられた東芝大阪ビル(1965)もタイルだった。岩本は「私の伝統論」と題した文章の中で、「タイルは日本の伝統的な陶磁器である。その焔から出る色は情感に富む。瓦が日本中に満ちたように、タイルの情感で日本中が満ちてもよい」と書いている。御堂筋には花崗岩張のビルが多いが、もしタイル張のビルが並んでいたなら、今とは全く異なる都市景観となっていただろう。

しかし日本のオフィスビルは着実に超高層ビルの時代へと突入し、ビルの外壁はパネルユニットによる乾式構法がスタンダードとなっていく。その意味で、竹中工務店の御堂ビルは、高さ31メートル制限下における、現場施工の湿式構法で外壁をつくった、時代の最後を飾るオフィスビルといえる。

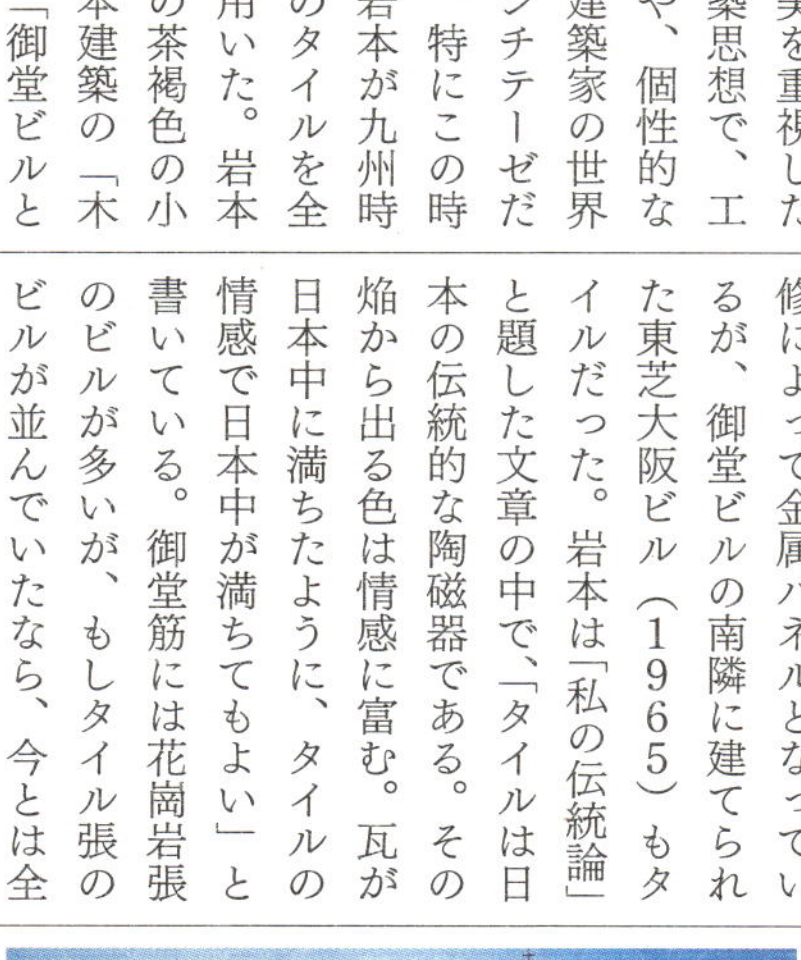

外壁のタイルは黄金色のイチョウ並木との調和を考えて選択された。

建設地=大阪府大阪市中央区本町4／建設年=1965(昭和40)年3月／構造・規模=SRC造9階、地下4階／設計=竹中工務店(岩本博行)／施工=竹中工務店

↑竣工時の西側の外観。手前の花びらのような屋根は、庭園に囲まれた円形のバーと宴会場。

←竣工時のホテル正面。現在のウエストウィング部分にあたる。

←←増築されたタワーウィングは、周囲から突出した高さと規模を誇った。

大阪ロイヤルホテル（リーガロイヤルホテル）

大大阪の歴史を引き継ぐ迎賓館の存在感

大阪初の本格的な近代ホテルとしては、1934（昭和9）年12月に完成した新大阪ホテルがよく知られている。中之島のちょうど中央部、現在は住友中之島ビルのある場所に建てられた新大阪ビルは、大大阪にふさわしい国際的なホテルの実現を望む官民合わせての悲願であり、長谷部竹腰建築事務所らによって設計されたベネチアンゴシックの豪華な建築は、大阪の迎賓館として、また大阪実業界の社交場として重用された。

1952（昭和27）年のGHQによる接収解除後、高度経済成長に入ってホテルの需要が伸び、1958（昭和33）年には新大阪ホテルからほど近い中之島の四つ橋筋沿いに新朝日ビルが完成、複合機能のひとつとして大阪グランドホテルを開業、さらに1964（昭和39）年の新幹線開通と東京オリンピック開幕によって客室不足が予想されることから、新たな大型ホテルの建設を計画する。結局オリンピックには間に合わなかったが、1965年10月、中之島西部に875室の客室数を誇る大阪ロイヤルホテルがオープン、この時期、同系列のホテルが中之島の至近距離に3か所もあったことになる。設計に際しては国際的な迎賓館にふさわしく、近代的なビルに日本趣味を纏わせるため、竹中工務店に加えて近代和風の大家であった建築家、吉田五十八《よしだいそや》が招聘された。またホテル社長の山本為三郎が当時の民芸運動を支援していたことから、イギリス人陶芸家のバーナード・リーチの参画を得て、かの有名なリーチバーがホテル1階に設けられた。

大阪万博ではまさに迎賓館としての役割を果たした大阪ロイヤルホテルは、客室数の大幅な増加を計画、1973（昭和48）年9月に新館のタワー棟を増築、地上30階の超高層ビルは同じ設計コンビによって旧館と全く違和感なく自然に接続された。滝に面して設けられた1階のラウンジには曲水が流れ、柱は金蒔絵で飾られる平安の絵巻物のような大空間が訪問客を出迎える。

近年、外資系ホテルの相次ぐ参入と、インバウンドの増加に伴うリーズナブルなホテルの急増の影で、東洋ホテルやホテルプラザ（共に1969）といった大阪の名物ホテルが姿を消し、高度経済成長期に建設された大型ホテルは、もうほとんど残っていない。リーガロイヤルホテルは大大阪時代の新大阪ホテルを引き継ぐという意味でも、高度経済成長期の代表的ホテルとしても、大阪のレガシーというべき建築である。

建設地＝大阪市北区中之島5／建設年＝［現・ウエストウィング］1965（昭和40）年10月・［現・タワーウィング］1973（昭和48）年9月／構造・規模＝［現・ウエストウィング］SRC造、RC造14階、地下2階・［現・タワーウィング］30階、地下2階／設計＝吉田五十八研究室、竹中工務店／施工＝竹中工務店

完成した朝日放送本社・大阪タワーの全景。
前面に新しく整備された都市計画道路の
なにわ筋（加島天下茶屋線）が通る。

朝日放送本社・大阪タワー

新天地へと進出した放送メディアの一大拠点

朝日放送は、大阪テレビ放送（OTV）とラジオの朝日放送（ABC）が1959（昭和34）年に合併、堂島の新ダイビル（P064）の西隣に本社ビルを構えていたOTVと、1958（昭和33）年に竣工した新朝日ビル（P056）の11～13階に本社を占めていたABCが、ちょうど堂島川を挟んで業務を行っていた。役員も社員も川を隔てての往来には辟易し、1962（昭和37）年秋には社内に総合社屋準備委員会を発足させ、約1年半をかけて大阪市内に用地を求めた結果、大淀区（現北区）にある関西大倉学園の跡地約1万4千平方メートルを確保した。堂島と中之島というビジネスセンターとは打って変わり、環状線の外側に位置する計画地は、大阪駅に近いとはいえ周囲は町工場と倉庫に囲まれ、前を通るなにわ筋は拡幅前で、まだ舗装すらされていなかったという。

新社屋の計画は朝日放送が内部で綿密に検討を重ね、大成建設に設計と施工を依頼した。敷地の南半分は2期工事のためのリザーブとして残し、北半分に4つのテレビスタジオと5つのラジオスタジオ、そして地下には650名収容のABCホールを備えた9階建の堂々たる新社屋を完成させた。外装に張られた茶褐色の小口磁器質タイルは、1965（昭和40）年の御堂ビル（P120）をはじめ竹中工務店が「岩本イズム」を掲げて頻繁に用いていた「竹中タイル」に近く、なにわ筋に面して窓が整然と並ぶビルの外壁を、4階だけ奥まらせてボリュームを分節するデザインは、1958（昭和33）年に村野藤吾が新ダイビル（P064）でみせた構成を思わせる。高度経済成長期のオフィスデザインの影響関係が窺われて面白い。

社屋の南に建つ大阪タワーは通信塔として計画されたものだが、当初は社屋の屋上に設置する予定だったものを、構造的な検討の結果、急遽独立して建てることになった。敷地の制約などから東京タワーのような安定的な裾広がりの形状にせず、ビルのような直方体を構造的な工夫で可能とした。都会を見下ろす展望台としての集客も狙って、通天閣（P046）よりも9メートル高い地上100メートルに、2階建の展望台が設けられた。また社屋の完成後、南半分のリザーブ地には大阪万博等による来阪者の増加を見越して朝日放送がホテルを計画し、1969（昭和44）年に当時西日本一の高さを誇るホテルプラザを完成させた（現存せず）。

現在本社のある「ほたるまち」は大阪大学医学部附属病院跡地の再開発だが、実は大淀に土地を求めた際に、候補地のひとつとして挙がっていた場所でもあった。結果的に再び堂島川の河畔に戻ってきたことになるが、またしてもなにわ筋沿いというのが興味深い。

【現存せず】

建設地＝大阪府大阪市北区大淀南2／建設年＝1966（昭和41）年5月／構造・規模＝［本社］SRC造9階、地下2階・［タワー］S造、SRC造5階／設計＝大成建設／施工＝大成建設／建築コンサルタント＝浦辺鎮太郎

タワー脚部の鉄骨建て方の様子。

↑日除けのルーバーが特徴的な外観。住棟に囲まれたオープンスペースには公園が整備された。

→大阪城公園越しに見た森之宮団地。1976（昭和51）年には北東に森之宮第二団地が建設された。

森之宮市街地住宅（森之宮団地）

住宅の大量供給と豊かな都市居住の両立

都心部での公的住宅の建設は十分な敷地の確保が難しく、街区の一部に1棟だけ建てる「点」、あるいは都市計画街路事業と併行した「線」の開発になってしまい、面的な団地群を形成することが難しい。計画地のすぐ隣には高密度でオフィスビルが建ち、幹線道路が目の前を通るなど、住宅の日照や騒音の問題、緑地や駐車場の確保といった、健康で快適な住環境を確保するための条件を揃えることは望めない。そこで日本住宅公団（現・UR都市機構）では、1965（昭和40）年度から都市部にあった工場跡地などを取得し、店舗や公園などの付帯施設を伴った高層住宅群の建設、都市計画的な観点による「面開発市街地住宅」事業を開始した。その大阪における第1号が、1968（昭和43）年5月に竣工した森之宮市街地住宅だ。

大阪城公園とその東側一帯には、アジア最大と呼ばれた軍事工場の大阪砲兵工廠が広がり、第二次世界大戦の大阪大空襲によって重点的な爆撃を受けて壊滅した。東側のエリアは現在JR西日本森ノ宮電車区と大阪市高速電気軌道森之宮検車場となっているが、大阪市交通局が施設用地としていた3ヘクタールのうち、2・6ヘクタールを住宅公団が取得して、5棟の高層住宅群からなる1001戸の団地を計画した。

この時代の市街地住宅は、バルコニーを設けないビル然としたファサードをもつものが多い。森之宮でも柱型を強調した立面に、日除けのユーバーを通して、垂直・水平のグリッドを強調したデザインとし、室内にサンルームを設けている。洗濯物を外部に見せない都市景観への配慮と、高所での生活に慣れていない住民の恐怖感を和らげることを考えた設計だ。設計は1941（昭和16）年に設立された、大阪では老舗の建築設計事務所である三座建築事務所が担当、三座はこの時代、上六・下寺町防災建築街区の東谷町ビル（P096）など、公的施設の設計を多く手がけた。また日本住宅公団は他にも大阪の面開発市街地住宅として、工場跡地に10棟1204戸からなる住吉市街地住宅や、4棟1072戸からなる伝法市街地住宅を建設している。

森之宮団地は竣工から50年を経過しているが、JR大阪環状線と地下鉄森ノ宮駅近くの便利な立地で、団地内の広場は緑が大きく成長し、なんと言っても大阪城公園の広大な緑地を背景に暮らすことができる。URも耐震改修を行ってストック活用を進め、耐震要素によって居住不能になった住戸を音楽スタジオとして活用するといった新しい試みを行うなど、都市居住を求める若い世代に人気の物件となっている。

建設地＝大阪府大阪市城東区森之宮1／建設年＝1968（昭和43）年5月／構造・規模＝SRC造14階、地下1階（1棟）・SRC造14階（1棟）・SRC造11階（3棟）／設計＝日本住宅公団、三座建築事務所／施工＝大成建設、松村組

大阪国際空港ターミナルビルディング

空の玄関口という新たな建築の模索

「新・大阪」は、「伸・大阪」でもある。高度経済成長の波に乗って整備されていく広域交通ネットワークは、高速道路、新幹線と来れば、次は空港である。現在の大阪国際空港が、木津川の川尻にあった木津川飛行場に続く大阪第2飛行場として開設されたのは、1939（昭和14）年1月のこと。戦争中は軍用に使われ、戦後はGHQによって接収されて、長らくその一部が民間用として認められていたに過ぎなかったが、1958（昭和33）年3月にようやく米軍から全面返還を受け、大阪空港と名付けられた。翌年には、大阪国際空港へと改称されている。

航空機の高速化、大型化による大量輸送時代の到来に対応して西日本の航空拠点としての役割を果たすため、3000メートルの新滑走路の整備や新ターミナルビルの建設など、空港施設の抜本的な拡張が計画された。まだ国内事例の少ないターミナルビルの設計は、施主と設計者の双方にとって初めての経験で、基本からさまざまな検討が重ねられたが、航空機と他の交通機関を結ぶ結節点として人と貨物をスムーズに流す動線計画と、将来の発展に備えた拡張性を有することが特に重視された。

ビルの構成は大きく3つのブロックに分けられ、航空管制機能を有する高層ブロックを中心に、その両側に国内線と国際線のウィングを左右対称に配している。高層ブロックの低層階には両ウィングに飲食や物販といったサービスを提供するフロアを置き、3階にはホテルが設けられた。駐機スポットは国内線、国際線それぞれ2本、合計4本の腕がビルから伸びるフィンガー方式を採用し、国内では初の試みとして、各先端に搭乗待合室のゲートラウンジが設けられた。なお、都心との交通については、ターミナルビルのオープン当日に合わせて、阪神高速が空港まで到達している。

設計者はターミナルビルと共通した性格をもつ駅舎ビル等の経験を有することとして、本書でも紹介している天王寺民衆駅や、新幹線の米原駅などを設計した安井建築設計事務所が選ばれたが、いざ取りかかってみると鉄道駅よりは船舶の港に近かったと、代表の佐野正一は述懐している。安井建築設計事務所ではこの経験を活かし、その後に鹿児島空港や熊本空港、那覇空港、関西国際空港の管制塔なども手がけるようになる。

大阪国際空港は、インテリアのリニューアルや新しいテナントの誘致で話題になることはあっても、建築自体にスポットが当たることはほとんどない。確かにレンゾ・ピアノが設計した関西国際空港のような、統一的な建築美は備えていないかもしれないが、1968（昭和43）年の竣工以来、管制塔が新たに増築され、関西国際空港の完成によって両ウィングが共に

☛ Osaka International Airport Terminal Building

航空管制棟を中心に、道路に沿って両側にウィングが広がるターミナルビルの全景。

国内線専用に再編されるなど、当初想定もしなかった変化を繰り返してきた。それでも現在も基本的な骨格はそのままに、拠点空港としての役割を果たし続けていることは、何より当初の機能的な設計が優れていたことの証だろう。

夜間は照明によって、ロビーの吹抜空間が強調される。

建設地=大阪府豊中市蛍池西町3／建設年=1969(昭和44)年1月／構造・規模=[国際線ブロック]S造4階、一部RC造2階・[中央ブロック]SRC造8階、地下2階・[国内線ブロック]S造4階・[フィンガー・ゲートラウンジ]S造2階／設計=安井建築設計事務所／施工=[国際線ブロック]清水建設・[中央ブロック]藤田組、竹中工務店(ホテル内装)・[国内線ブロック]大林組・[フィンガー・ゲートラウンジ]間組、熊谷組

大阪国際空港の全体。都心と接続する阪神高速道路が、供用開始に合わせて整備された。

C.ITOH

伊藤忠ビル・大阪センタービル（大阪御堂筋ビル・大阪センタービル）

「御堂さん」を見下ろす高層ツインビル

1969（昭和44）年4月、御堂筋を中心とする大阪の都心部に容積地区制度が導入され、これまでの絶対高さ制限31メートルが撤廃された。しかしすでに軒線の揃ったスカイラインが形成されていた御堂筋の淀屋橋〜本町間については、都市美観の観点から、大阪市独自の高さ規制を続けることになった。その一方、規制のない本町以南については、沿道建築物の高層化が進むことになる。その先鞭をつけたのが、中央大通との交差点の南西角に位置する、高さ46メートルの伊藤忠ビル・大阪センタービルだ。

1棟のビルであるにも関わらず、2つのビル名が併記されているのは、このビルが共用部と地下を共有する、2社のビルからなっていることを示している。エレベーターなどのコア部分を中心に、平面は明快なH型プランをしていて、その南半分が伊藤忠の本社ビル、北半分がテナントオフィスビルに充てられ、阪神高速道路公団などが入居した。敷地を含む広い街区の南には、1961（昭和36）年に再建された南御堂（東本願寺難波別院）がある。近世以来、船場の商人にとっては御堂さん（北御堂と南御堂）の屋根の見えるところで商いをするのが最高のステイタスであり、この敷地は商人にとってこの上ない特等席ということになる。1872（明治5）年に滋賀から本町へ出てきた伊藤忠兵衛に始まる、総合商社伊藤忠の歴史を考えると、南御堂に面した南側に本社を陣取ったのも、故なきことではないだろう。

圧倒的な存在感を発する濃いアンバー色の外観は、アルキャスト・カーテンウォールと呼ばれる鋳型で成形したアルミ素材のパネルで、その独特の色合いは塗装ではなく、電解発色という化学反応を利用した色だ。アルキャストによる電解発色のカーテンウォールは世界初の試みで、その技術開発に1年以上の期間を要し、テストパネルの製作だけでも数十回を数えたという。陰影を生みだす表面のパターンは、木の葉をモチーフにしたもの。パネルのガラスは事前に工場ではめ込まれ、完成品の状態で現場に持ち込まれるなど、内外装のあらゆる部分でプレハブ化が進められ、超高層ビル時代を予告するさまざまな建設技術が実装されている。

2011（平成23）年8月に伊藤忠が大阪駅前の北ヤードへと移転したのに伴い、南半分も大阪御堂筋ビルと名称を変え、現在は全館がテナントビルとして使われている。

建設地＝大阪府大阪市中央区久太郎町4／建設年＝1969（昭和44）年4月／構造・規模＝SRC造、S造13階、地下4階／設計＝竹中工務店／施工＝竹中工務店

☛ Itochu Building / Osaka Center Building (Osaka Midosuji Building / Osaka Center Building

↑御堂筋に対してシンメトリーを構成するファサード。左隣（南側）に南御堂。右隣には船場センタービル（P142）が通る。

←御堂筋のなかで際立った存在感を示す、アンバー色のアルキャスト・カーテンウォール。

↑大川から眺めた1970年頃のOMMの全景。屋上の突出部に回転展望レストランが設けられた。

→1989（平成元）年の外装改修工事の様子。既存の外壁を撤去せず、その上にガラスカーテンウォールが重ねられた。

☛ Osaka Merchandise Mart Building

OMM（大阪マーチャンダイズ・マートビル）

町人街を縦に積んだ立体卸売センター

天満橋の南詰に建つ高さ78メートルのOMMは、1969（昭和44）年の竣工当時、西日本で最も高いビルだった。1961（昭和36）年に制度化された特定街区制度によって可能となったもので、高さ制限など建築基準法上の規制を緩和することで、日本の建築の超高層化への道を開き、霞が関ビル（1968）を誕生させた。OMMはその大阪における適用第1号で、1967（昭和42）年に指定された天満橋特定街区によって建てられたものだ。

商人の街として発達した大阪の都心部、とりわけ船場は近世から同業種の問屋が集積して町を形成してきた。その多くは間口の狭い店を構えて軒先で商いを行ったが、低層の小さな店が街を埋めているのは、都心の土地利用として極めて非効率であった。さらに狭い道路に搬出入の車両が乗り入れて、慢性的な交通渋滞を引き起こすなど、流通分野の近代化は、都市計画上の大きな課題となっていた。

そこで大阪市と業界が協力して編み出したのが、問屋街を一か所に集約して立体化した、卸売センターを建てることだった。当事は国内に先例がなく、シカゴのマーチャンダイズ・マートへ視察にも行ったという。その計画は昔ながらのスタイル、つまりビルの中央に通路を通し、両側に店舗を並べた問屋街を現代的に再現するというもので、それを業種毎に積み上げ、駐車場や搬出入ルート、会議室等を全体で共有して商品取引機能の効率化を図ろうとした。OMMの壁面がこれだけ大きいのは、長さ140メートルの問屋街を積層した、立体都市に他ならないからだ。

流通センターなら郊外に建設するという選択肢もあったが、大阪の卸売りの中核をなす繊維業界は頻繁な見本取引が行われるため、便利な都心近くに設ける必要があった。そこで京阪電鉄の始発駅が天満橋から淀屋橋へと延伸し、天満橋駅の地下化に伴い道路の西側に移った跡地が、その敷地に選ばれた。

西日本最大の高さは当時大きな話題となり、最上階に設けられた回転展望レストラン「ジャンボ」には長蛇の列ができたという。20階のスカイガーデンでは、1973（昭和48）年からビアガーデンも始まった。

現在の外装は、川と空を青く映し出すミラーガラスのカーテンウォールとなっているが、これは1989（平成元）年の大規模リニューアルによって改修されたもので、コンクリートの白いPCパネル張りだった外壁の外側に重ねた、ダブルスキンになっている。

1969（昭和44）年の竣工から半世紀を迎え、OMMはその性格を卸売センターから一般的なテナントオフィスビルへと変えつつあるが、現在も天満橋の周辺にはそれほど超高層ビルがなく、屋上は大阪城公園から中之島までをパノラマで展望できる、最高のビュースポットであり続けている。

建設地＝大阪府大阪市中央区大手前1／建設年＝1969（昭和44）年8月／構造・規模＝SRC造、S造22階、地下4階／設計＝竹中工務店／施工＝竹中工務店

安全第一
安全第一

鉄骨建て方が進む工事中のOMM。
地下駅が設けられた京阪ビル（松坂屋）は、1967（昭和42）年の完成。
天満橋に架けられたバイパスの高架道路は、1970（昭和45）年になって設けられた。

築港深江線（中央大通）・船場センタービル

道路と地下鉄にすっぽり挟まった街。交通網とビルの融合

未来の都市計画のモデルと言われた大阪万博は、現実的に大阪の都市計画を実現させるエンジンにもなった。その中で最も顕著な例は、当初、戦災復興都市計画に含まれていながら未完成だった大阪市道築港深江線（通称＝中央大通）であろう。

築港深江線は、基本幅員80メートルで、総延長は12キロに達するが、10・7キロは開通していたものの、船場地区1・3キロだけが残されていた。船場地区は、商業活動の中心地であり、用地買収が多額になること、移転先がないことなどで、地権者が買収に応じない状態であった。しかし、都心部に位置する船場地区が整備されないことで、自動車急増により都市機能がマヒすることが懸念された。

1963（昭和38）年、大阪市は築港深江線船場地区貫通事業を最重点施策とする。同年、地元協議会からは、高架道路下にビルを建て店舗を収容する大胆なプランが提案される。一方、大阪市は建設大臣の諮問に対して、近隣学校跡地に移転する「代替ビル案」を回答。しかし、用地買収の負担が大きく却下され、建設大臣の諮問機関は、6案の中から高架道路下の「中層ビル案」を答申。建設省や地元と協議し、ビル床面を売却して莫大な用地買収費に充当、併せて権利者の補填を行う計画となった。

築港深江線と船場センタービル7号館（大林組施工）。

そして築港深江線は、幅80メートルのうち、沿道に接して4車線ずつ計8車線の平面道路と歩道を設け、中央部6車線は連続立体交差を兼ねた高架式となる。また、重複して計画された阪神高速道路（6車線2方向）も、高架道路と同一平面に並行する高架構造となった。

船場センタービルは、高架道路と高速道路の高架下を10街区に分け、1街区1棟のビルをA棟からJ棟まで10棟を建設。地下2階～4階の鉄筋（一部は鉄骨鉄筋）コンクリート造とし、繊維問屋店舗、一般店舗や飲食サービス店などが入居した。地下には地下鉄中央線が走り、A棟、B棟、H棟、I棟は地下鉄に連絡する。

建設工事は、1967（昭和42）年8月に着工。大阪万博関連事業に採択され、万博開幕直前の1970（昭和45）年3月に開業。道路とビル、地下鉄が融合することで未来都市を先取りした。

大阪の東西を横断する中央大通は戦後の大動脈となった。戦前の御堂筋に相当する大事業であり、南北の御堂筋に対して船場の中心部である本町で十字に交わる点も象徴的である。まさに、戦前と戦後の立体交差点といえるだろう。

大阪駅前市街地改造事業

都市の再開発の先取り。バラックから立体都市へ

国鉄（現・JR）の大阪駅前の、四つ橋筋・御堂筋・曽根崎通に囲まれた五角形の「ダイヤモンド地区」と言われるエリアは、終戦後、闇市やバラックが建ち並んだ。しかし、第一区と言われる北半分は、戦前の土地区画整理事業によって整備されていたため、第一生命ビル、梅田ビル、大阪神ビル、新阪急ビルなどの高層ビルが次々と建設された。しかし、第二地区と言われる下半分は、財政難と地権者の反対により頓挫していたため、戦後も繊維卸問屋街などの木造密集商業地が取り残されていた。

1961（昭和36）年に道路や広場といった公共施設と建築物を一体的に整備する市街地改造法が制定。市街地改造法は、密集市街地の立体的再開発事業であり、主要幹線や宅地を含めて平面的区画整理を不燃高層ビルによって立体化することが求められた。第二地区は、市街地改造法の適用を受けて、大阪駅前市街地改造事業が実施された。

大阪駅前。点線内は市街地改造計画エリア。白線内は第一期工事予定地。　産経新聞社 提供

狭い道路や低家屋を整理して、幅員20〜40メートルの道路を造り、区画化された4街区に高層ビルを建設に加え、公開緑地の確保、機能的な商業地区に改造することが計画された。立ち退きや仮設店舗への移転交渉の他、繊維卸商172店舗が、新設の新大阪センイシティーへ集団移転。1965年（昭和40）年5月に大阪駅前第1ビルが着工した。

第1ビルは1970（昭和45）年4月に竣工。しかし、第2ビルの工事現場から地下水が噴出し、道路と家屋が沈下する事故などもあり、1983（昭和58）年3月の第4ビルが竣工するまで20年に渡る長期プロジェクトとなった。

市街地改造法は、1969（昭和44）年に制定された都市再開発法に引き継がれるように、大阪中心部の都市計画は、空襲で更地になった街を一から作るだけではなく、既存の施設や街をいかに再開発するかが課題であり、大阪駅前はその先駆けとなった。

高度経済成長期の大阪は、狭い都心の土地を効率的に使うために、大胆な発想で高層・地下といった立体的な建造物と、交通網を組み合わせることで、立体都市へと生まれ変わったといえるだろう。

↑竣工当時の地下2階「川のあるまち」。1期工事の北端には吹抜空間が設けられた。

→インテリアは当時から大きく改修されているが、現在も変わらず地下をせせらぎが流れる。

阪急三番街

地下空間に現れた「水都大阪」

阪急電鉄、当時の京阪神急行電鉄は、阪急ビルと国鉄線（現・JR）に囲まれた終点梅田駅の狭隘《きょうあい》化《か》を解消するため、1961（昭和36）年、ホームを国鉄の北側に移設する大工事を決断、1966（昭和41）年2月に駅舎移転の第1期工事がスタートした。これに合わせて周辺地域の面的な大規模再開発を進め、1964（昭和39）年の新阪急ホテルを皮切りに、1971（昭和46）年に北阪急ビル、その翌年に阪急ターミナルビルが竣工するなど、阪急グループによるいわゆる「阪急村」が形成されていった。

新しい駅ビルはホーム下に集客力のある商業施設を設けるべく、地下空間に「自然」としての「水」を導くアイデアが取り入れられた。勾配のない地下2階の床に長さ90メートルもの川をつくるという前代未聞の計画は、店舗面積が1000平方メートルも無駄になるといった懸念も示されたが、万博開幕を控えた1969（昭和44）年11月30日にオープンすると、連日の大盛況ぶりで、世界初の川が流れる地下街は、キタの新名所として大きな話題となった。

「川のあるまち」に続いて、1971年11月には北側の第2期工事が完成して「滝のあるまち」がつくられ、阪急電鉄の新駅が全面完成した1973年、三番街がグランドオープンする。その後も1984（昭和59）年にはリニューアルに合わせて1階通路に水族館が設けられ、1990（平成2）年にはアクアマジックと名付けられた噴水のアトラクションがお目見えするなど、「水都大阪」のターミナルとして、常に「水」をテーマにした展開が図られてきた。

水を用いた地下空間の演出は周辺にも広がりをみせ、1970（昭和45）年にはウメダ地下センター（現・ホワイティうめだ）の2期工事が完成して「泉の広場」が登場、市街地改造事業で建設された1976（昭和51）年完成の大阪駅前第2ビルの地下にも、噴水広場が設けられた。またウメダ地下センターの第3期工事として、プチシャンゼリゼ（現・プチシャン）が三番街グランドオープン翌年の1974（昭和49）年8月に完成し、梅田の大地下街と接続された。

建設地＝大阪府大阪市北区芝田1／建設年＝1969（昭和44）年11月／構造・規模＝SRC造／設計＝竹中工務店／施工＝竹中工務店

2期工事の「滝のあるまち」。
この滝は現存しない。

御堂筋の上空から東を見下ろした船場センタービル。
ビルの屋上で高架道路が複雑に分岐していく。

↑東西約１キロメートルに渡る都心の掘削工事。合わせて地下鉄も建設された。
↖ビル部分がほぼ完成し、高架道路の床板を設置している様子。右に煙突が見える。

☛ Semba Center Building

船場センタービル

万博という時代の都市のレガシー

大阪の都心を東西に横断する、全長約930メートルにも及ぶ巨大構築物。南北の道路によって分節された10棟のビルには、約900の事務所や店舗が入居し、屋上には高架道路が架けられ6方向から接続、さらに地下では東西両端に設けられた2つの駅に、3路線の地下鉄が乗り入れるという、都心の高度利用を突き詰めたスーパーハイブリッド構成となっている。鉄道高架下の有効活用は各地で見られるが、高架道路とビルが構造的に完全に一体化している事例は、全国でも極めて珍しい。

戦後の戦災復興都市計画で、東西の幹線道路整備が計画されたことに端を発し、大阪港から東大阪へと至る道路の拡幅は着実に進められた。しかし都心の一等地である船場は土地の取得価格が莫大で、昔からこの界隈で商いを続けてきた繊維関係の問屋が多く集積していたことから、この区間だけがずっと手を付けられずに残っていた。一方、モータリゼーションの進展によって都心は慢性的な交通渋滞となり、そこに大阪万博の開催が決まったことで、都心の道路網整備は待ったなしとなる。そこで専門家と行政、地元の権利者、そして国をも巻き込み採用されたアイデアが、ビルの上に高架道路を整備するという、ウルトラCの提案だった。また工事に際しては建築・土木をまたぐ複雑な工事区分が道路の交通を止めずに同時並行で進み、その規模も巨大であったことから困難を極め、何より万博関連工事で人材が圧倒的に不足するなか、有力ゼネコン総動員となった。

1973(昭和48)年以降は大阪でも超高層ビルが建つようになり、都心の再開発といえば垂直方向へと伸びるタワーの建設が主流だ。完成当時、近くを通ったニューヨークの貿易商が「横に寝たエンパイヤステートビルだ」と言って驚いたという。その意味で、船場センタービルは太陽の塔と並ぶ、大阪万博時代のもうひとつのレガシーである。2015年、外壁タイルの劣化を理由に外壁改修工事が行われ、繊維のまち・船場をイメージさせる織物のパターンを施したアルミパネルによって、外観が一新された。

建設地=大阪市中央区船場中央1〜4/建設年=1970(昭和45)年3月/構造・規模=RC造・一部SRC造2〜4階、地下2階(一部地下3階)/設計=日建設計、大建設計/施工=[1号館]熊谷組・[2・3号館]鴻池組・[4号館]清水建設・[5・6・9号館]竹中工務店・[7号館]大林組・[8号館]奥村組・[10号館]大成建設

完成した大阪駅前第１ビル。

東畑謙三が当初に示したマスタープラン。
４棟全てが同じに設計されている。

大阪駅前第1ビル

変化し続けた建築制度の移り変わり

戦争の空襲によって大きな被害を受けた大阪駅前地区は、戦後いち早くバラックが建ち並んでヤミ市が発生し、狭隘な道に低層の木造建築が密集するエリアとなっていた。大阪市では戦前から大阪駅前を大都市・大阪の玄関口にふさわしい高層ビル地帯とすべく都市計画を進め、駅前すぐの北地区には第一生命ビルや阪神ビル、新阪急ビルなど民間の高層ビルが建ち始めていたが、国道2号線に面した南地区についても、1958(昭和33年)年10月に大阪駅前第2次土地区画整理事業が都市計画決定され、4つの大きな街区、いわゆるスーパーブロックに土地を再編して4棟の高層ビルを建て、従前の権利者には応分の床面積を割りあてる計画の枠組みが示された。しかし土地の平面的な換地を前提とする土地区画整理法によって、権利を建築物の持ち分として立体的に換地していくのは法的に無理があった。そこで計画を進めながら国を動かし、立体換地を可能とする市街地改造法（現在の都市再開発法の前身）が1961（昭和36）年6月に施行された。当時このような状況は大阪に限ったことではなく、東京をはじめ全国の都市部の駅前が抱える課題だったが、計画の先行していた大阪駅前は記念すべき市街地改造法の適用第一号となった。

東畑建築事務所を率いる東畑謙《とうはたけん》三《ぞう》が1961（昭和36）年に示した最初の全体ビジョンは、「類型の反復の美学」に基づき、全く同じ高さ、形態、外装をもつ12階建のビルを4棟並べるというもので、1階に歩廊を設けて歩行者のスペースを確保し、3階以上の高層部をセットバックさせて高層ビルの圧迫感を軽減するというものだった。3階の屋上は駐車スペースとして活用し、歩行者と自動車の歩車分離を図っている。

しかし計画の実行は困難を極め、当初は1967年度に事業が完了する計画であったのが、実際に最後の大阪駅前第4ビルが竣工するのは1983（昭和58）年、実に20年以上も要することとなった。その主な要因は地元の権利者の激しい反対運動によるものだったが、最終的には梅田繊維街の新大阪センイシティーへの集団移転によって収束していった。

東畑建築事務所が実施設計を担い、1965(昭和40)年に着工された第1ビルはほぼ当初のビジョンに基づき1970（昭和45）年7月に完成するが、その後事業の長期化に伴い繰り返し都市計画の変更が行われ、結局は4棟全てが異なるビルとなって事業は完了する。この時代、建築基準法は大幅な改正が重ねられ、高さ制限が緩和されるに従って駅前ビルも高層化、第3ビルは100メートルを超える超高層ビルとなり、新たに創設された総合設計制度を導入したことで、当初は自動車のスペースとして考えられていた3階の屋上に、公開空地、つまり広場が設けられていった。大阪駅前の4棟のビルは、建築法制の変遷がそのまま標本のように具現化したものといえる。

最初の第1ビルが竣工してから半世紀が経とうとし、多くの区分所有者からなるビルの今後をどうするか、再び大阪市には困難な課題が突き付けられている。しかし地下の飲食店フロアを覗いてみると、ビルの地下にもかかわらず、一周巡って横丁の飲み屋街の雰囲気を醸し出しているのが面白い。

建設地＝大阪府大阪市北区梅田1／建設年＝1970（昭和45）年4月／構造・規模＝SRC造12階、地下6階／設計＝大阪市、東畑建築事務所／施工＝大林組

第１ビルの建設が進む1967（昭和42）年の大阪駅前。
西側部分の鉄骨が立ち上がり、これから東部分の建設工事が始まる頃。

↑直方体のコンテナを積み上げたような住棟部分のデザインが特徴的。

→新御堂筋の高架道路と鉄道（現在のJR京都線）がちょうど交差する場所に建てられた。

メタボ阪急

新陳代謝し続ける都市生活者たちへの提案

1967（昭和42）年から阪神間でのマンション分譲を始めた阪急が、梅田の限られた敷地に「都心にはもうひとつの行動拠点（プライベート・ルーム）を」というキャッチフレーズを掲げて打ち出した、ワンルームの賃貸マンション。1・2階を店舗、3・4階をテナントオフィス、5階の管理人室を挟んで、6階から16階までの10層をメタボルームと名付け、33平方メートルのワンルームを1フロア5戸、合計55戸積み上げた。都心における、セカンドハウスの先駆けとなった集合住宅である。室内は冷暖房、バストイレユニット、キッチンの他、家具も備えつけで、清掃や洗濯などのサービスも受けることができた。

建物名の「メタボ」はメタボリズムの略で「新陳代謝」を意味し、1960年代に気鋭の若手建築家らによって提唱された建築運動のことを指す。都市の成長や変化を生命体になぞらえ、都市の構成要素である建築も、技術の進歩によって細胞のように更新されるようになると説いた。その理念は日本国内に留まらず、世界の建築家に大きな影響を与えた。そのアイコンともいうべき建築が、黒川紀章の設計によって1972年に東京銀座に建てられた中銀カプセルタワービルだが、これがメタボ阪急と非常に似ている。

中銀が10平方メートルの住戸を140戸積み上げているのに対して、メタボ阪急は33平方メートルを55戸と数は異なるものの、住戸面積の合計はおよそ同じで、低層階にテナントを配して上層階を塔状の住戸階としたのも同じ。最も大きな違いは中銀カプセルタワービルの住戸はメタボリズムの理念に基づいて、各ユニットが独立したカプセルとして工場生産されてSRC造でできた塔状のコアにアタッチメントとして取り付けられており、後に取り外したり交換したりできるように考えられた。一方のメタボ阪急は全て現場で打設したコンクリート製で、カプセル状にデザインされてはいるものの、構造としては完全に一体化された（中銀カプセルタワーも、現実には一度も更新されていない）。しかし当時の専門誌に設計者の徳岡昌克《とくおかまさかつ》が記した文章を読むと、メタボ阪急も「カプセル」を「考察」したが「計画途上」で、この程度の規模では採算ベースに乗らないので現場打ちのSRC造としたと書かれている。

徳岡がメタボリズムに影響を受けたことは明らかだが、実は竣工年はメタボ阪急の方が約5か月早い。1970年万博で黒川紀章が手がけ、中銀カプセルタワーが誕生するきっかけとなったパビリオン、タカラ・ビューティリオン、あるいはテーマ館の大屋根に吊り下げられた住居カプセルにヒントを得て、黒川と同じ結論を導き出したのだろうか。【現存せず】

建設地＝大阪府大阪市北区鶴野町／建設年＝1971（昭和46）年11月／構造・規模＝SRC造16階／設計＝竹中工務店（徳岡昌克）／施工＝竹中工務店

鉄道越しのメタボ阪急。
移動し続ける都市生活者を強くイメージさせる。

大阪大林ビルディング

大阪国際ビルディング

超高層時代の幕開け告げるライバル競争

一般的には、日本初の超高層ビルは1968（昭和43）年に竣工した霞が関ビルとされるが、大阪に初めて高さ100メートルを超えるビルが登場するのは遅れること5年、1973（昭和48）年のことだ。この年、立て続けに大阪大林ビルと大阪国際ビルの2棟が都心に完成した。建築基準法の改正によって容積地区制が導入され、都心の絶対高さ制限が外れたのは1963（昭和38）年7月のことだったが、大阪市内に容積地区が指定されるのは1969（昭和44）年6月までずれこんだ。法律の施行に対してこれだけ遅れたのは、大阪市が1967（昭和42）年に公表した、1990（平成2）年の大阪の都市のあるべき姿を示す「総合計画」の立案中だったからだ。この2棟は厳密には、都市計画法に定められた「特定街区」制度の適用を受け、基準法上のさまざまな規制が緩和されることで実現している。

同じ年に出現した2棟の超高層ビルは、あらゆる意味で対照的だった。大林組と竹中工務店という、大阪に拠点を構えるライバル企業の大手ゼネコンが手がけ、かたや自社ビルでもうひとつはテナントビル、階数はいずれも同じ地上32階で高さ約120メートルだが、大阪大林ビルはコンクリート製のPCパネルの黒い外装なのに対し、大阪国際ビルはアルミ製の白いパネルを採用した。ライバルどうしが社運をかけて取り組む黒と白の2棟のビルが、競い合うようにして空へと伸び、わずか2か月、タッチの差で完成していく様は、建築業界だけでなく、世間も注目して見守った。後日の対談で竹中の関係者が語るところによると、外装が黒と白になったのは、全くの偶然だったという。

記念すべき大阪大林ビルの建設過程を記録した映画「よりよい超高層ビルを求めて」を観ると、最後に完成近づくビルの遠景を空中から撮影したシーンがでてくるが、延々と広がるフラットな大阪

天神橋の南詰に建つ大阪大林ビル。
右に見えるのが旧本社（1926）。

大阪市が示した大阪国際ビル周辺の将来構想図。
ペデストリアンデッキで全体が結ばれている。

の街並みに、2本の塔が屹立する様が映し出され、大阪という都市が、全く新しい時代に突入したことをはっきりと宣言している。

なお、大阪市による前述の総合計画では、本町エリアの街区を拡大してスーパーブロックにし、人工地盤を設けて超高層ビル群を出現させる壮大なビジョンが示されている。大阪国際ビルはその第1歩に位置付けられたプロジェクトで、完成イメージをみてみると、船場センタービルの上を走る高架道路が分岐し、そのまま人工地盤にアプローチするさまが描かれている。しかし構想は実現することなく、大阪国際ビル1棟のみで終わってしまった。また大林組は2013（平成25）年、大阪本店を中之島西部へと移転、現在は他社の所有するテナントビルとして使われている。

◎大阪大林ビルディング　建設地＝大阪府大阪市中央区北浜東／建設年＝1973（昭和48）年1月／構造・規模＝SRC造、S造32階、地下3階／設計＝大林組／施工＝大林組
◎大阪国際ビルディング　建設地＝大阪府大阪市中央区安土町2／建設年＝1973（昭和48）年2月／構造・規模＝SRC造、S造32階、地下3階／設計＝竹中工務店／施工＝竹中工務店

阪神高速環状線の外側にそびえる大阪大林ビル。

船場の歴史的な街区に建てられた大阪国際ビル。2階に屋上庭園が設けられた。

1973（昭和48）年頃の大阪の中心市街地。
手前に画面を横切る船場センタービル、右奥に大阪大林ビルが見える。

日本万国博覧会（大阪万博）

「未来都市」が牽引する都市開発が大阪と日本を変えた

1940（昭和15）年、紀元2600年に合わせて、万博とオリンピックは同時開催する可能性もあったが、第二次世界大戦が激化し断念していた。戦後は、1963（昭和38）年9月、博覧会国際事務局（BIE）会長が、国際博覧会条約に加盟するように日本政府に働きかけたことがきっかけに、万博の誘致が始まったという。政府では通産省（現・経産省）の池口小太郎（後の堺屋太一）[*1]らが万博を計画し始めていた。

その動向を察知した大阪府はいち早く誘致に乗り出す。左藤[*2]義詮大阪府知事は、千里ニュータウン開発時に、予算の都合で未買収だった千里丘陵を候補地として情報収集を始める。都心から近く、千里ニュータウンへの御堂筋線の延長の公約実現、大阪国際空港や新幹線新大阪駅、名神高速道路、中国縦貫自動車道など、国内外からのアクセスの良さ、跡地利用のしやすさが要因だった。

一方、大阪市の中馬馨[*3]大阪市長は、戦前から関一など歴代市長などに仕え、戦後の都市計画を推し進めていた。助役時代の1952（昭和27）年に日本最初の国際見本市を開催し、1958年にはブリュッセル万博に職員を派遣するなど、長年、万博誘致を検討しており、企業誘致に苦戦していた南港埋立地での開催を画策していた。

会場候補は、関東圏では東京都、千葉県など名乗りを挙げる中、左藤知事が音頭をとり近畿圏に統一。大阪府と大阪市は、千里丘陵と南港を巡って対立したが、近畿圏でも、兵庫県・神戸市と滋賀県が誘致を本格化したため、大阪財界の調整によって千里丘陵に統一。大阪市は大阪府に譲る代わりに、事業補助による交通機関・道路の整備など実をとることになった。

大阪は本社移転、人口流出などの地盤沈下にあえいでおり、戦後の都市計画も財政不足のために頓挫していた。大阪府・市ともに大阪万博は経済振興や未完の都市計画を推進するためにも是が非でも実現したいプロジェクトとして利害が一致した。

兵庫県・神戸市と滋賀県を巡っては最後まで紛糾し、近畿圏での開催も危ぶまれたため、近畿選出の国会議員に委ねられることになった。最終的には通産大臣に一任され、千里丘陵に絞られた。

1965（昭和40）年5月、政府がBIEに提出した開催申請書が受理された。4か月後の9月14日には国際博覧会条約の規約により千里丘陵での開催が正式に決定。10月に主催団体として、財団法人日本万国博覧会協会が認可を受けた。そして、1966（昭和41）年5月、日本万国博覧会がBIEに登録される。

大阪府は会場候補地330万平方メートルの買収を始めたが、地主の数が多く、折衝は難航を極めた。実際に、敷地造成工事に着手できたのは1967年（昭和42）1月となり、3月15日に起工式が行われる。つまり、3年間余りで会場と膨大なパビリオンの建設をしなければならないという過酷なプロジェクトであった。

会場基本計画案は、丹下健三[*4]と西山卯三が担当し、コンセプトを「未来都市」とした。その後、基幹施設の建設は丹下健三がプロデユサーとなって実施された。実際、大阪万博会場はそれ自体が小さな都市として機能していた。電力、ガス、上下水道、空調などのインフラ整備が 整えられ、博覧会史上最大規模となる延べ6421万人を動員した（2010年の上海万博に塗り替えられる）。大阪万博のパビリオンには内外の著名な建築が参加し話題となったが、それを実現した関西を中心とした建設業界の力は注目に値する。

着工前の大阪万博会場予定地。

会場建設予算として、シンボルゾーンの建設など万博協会の事業費は523億円、国内外の展示館や日本庭園、外環状道路などを加えた会場全体の事業費は830億円、その他、運営費、設備費などを加算すれば1000億円を超えた。

さらに、万博関連事業費が大きかった。大阪中央環状線・内環状線・新御堂筋線・阪神高速道路などの道路建設費、北大阪急行（地下鉄御堂筋線と接続）・阪急千里山線延伸などの鉄道建設費などを主として、近畿圏に投資される関連公共事業費は6500億円にも上った。さらに、同事業の波及効果は2兆以上に及ぶと言われた。つまり、万博という未来都市を作りながら、大阪の都市計画が同時に進められたのだ。

そして、1975（昭和50）年の沖縄国際海洋博覧会、1985（昭和60）年の国際科学技術博覧（つくば'85）、1990年の国際花と緑の博覧会（花博）など、日本全土で開催される博覧会や地域開発のための博覧会行政のモデルとなったことも忘れてはならないだろう。

*1 **堺屋太一**（さかいや・たいち、1935—2019）
小説家、作家、評論家。元経済企画庁長官。本名池口小太郎。通産省に入省し、大阪万博の計画に従事。在職中から小説家として活躍し、『団塊の世代』を発表。退官後も作家活動の他、さまざまな万博のプロデュースを行う。

*2 **左藤義詮**（さとう・ぎせん、1899—1985）
大阪府知事（第2代公選知事）、元防衛庁長官、元参院議員、第2代学校法人大谷学園理事長。大阪万博誘致に成功し、『万博知事』を著した。

*3 **中馬馨**（ちゅうま・かおる、1904—1971）
第13代大阪市長。戦前から大阪市役所に入所。助役を退任後、市長となる。大阪のマスタープランを策定。地下鉄網、高速道路網を整備拡張し「地下鉄市長」と呼ばれた。「大阪駅前再開発」「船場センタービル」「大阪マーチャンダイズ・マートビル（OMM）」などを推進した。

*4 **丹下健三**（たんげ・けんぞう、1913—2005）
建築家、都市計画家。戦後、広島の戦災復興計画や東京オリンピック、大阪万博などの国家的プロジェクトを多数手がけた代表的建築家。また、東京大学丹下研究室にてメタボリズム・グループを中心とした多数の著名建築家を輩出した。代表作に「広島平和記念公園」（1955）「国立代々木競技場」（1964）「日本万国博覧会会場基幹施設計画・お祭り広場」（1970）など。

5章 大阪万博の建築

解説＝橋爪紳也

1970（昭和45）年に開催された大阪万博は、「新大阪時代」の輝きの頂点である。

本書では1945（昭和20）年から1973（昭和48）年までの建築を時系列的に取り上げているが、「大阪万博の建築」は特別枠を設け、「会場計画」「シンボルゾーン」「日本館と外国展示館」「国内展示館」の4部に分けてご紹介する。大阪万博自体が「未来都市」のモデルであり、先端的な構造や工法が取り入れられ、今日の都市・建築に大きな影響を与えた。大阪万博で打ち出された未来は現在に継承されている。

Chapter 5
The Architecture of Expo '70

会場計画

戦後の都市計画家、建築家が集結した未来都市構想

１９７０（昭和45）年3月15日から9月13日までを会期として、日本万国博覧会が開催された。国際博覧会条約に基づく第一種一般博覧会である。会場規模は総面積約３３０万平方メートル、入場者数６４２１万８７７０人という空前の規模となった。

開催に向けた動きは、東京オリンピックが開催された１９６４（昭和39）年にさかのぼる。大阪府、大阪市のほか、東京、千葉、滋賀などが候補地として名乗りをあげる。最終的に千里丘陵を会場に選定、8月に「１９７０年の万博開催を積極的に推進する」ことが閣議決定された。

翌１９６５（昭和40）年、国際博覧会条約を批准、博覧会国際事務局に「日本万国博覧会」の開催を申請する。原案を手がけたのは都市計画家の浅田孝《あさだたかし》である。浅田は１９６４年、大阪府から『近畿万国博覧会構想に関する研究報告』の策定業務を受託、川《かわ》添登《ぞえのぼる》らとともにマスタープランをまとめている。東京大学で丹下研究室を支えた時期もある浅田は、１９６０年、菊竹清訓、黒川紀章、榮久庵憲司《えくあんけんじ》、粟《あわ》津潔《づきよし》、槇文彦、大高正人《おおたかまさと》など、先鋭的な建築家やデザイナーとともに「メタボリズム」を結成するうえで中心的な役割を果たした人物でもある。

日本開催が決定したことから、本格的な検討が始まる。会場計画委員会が組織され、京都大学の西山夘三と東京大学の丹下健三が中心となって、原案をとりまとめることになった。双方の研究室のメンバーが意見を交換、会場そのものが未来都市の姿を示す重要な出品物となるという認識で一致したという。

１９６６（昭和41）年4月、第一次案が報告される。全体を「未来への実験場」「未来都市のコア」となるように構成すること、自由な創意による個々の空間造形を前提としつつテーマの精神が十分に活かされるように総合的、かつ全体としての調査が保てるように計画すること、展示スペースのほかに人々の憩いやレクリエーションのための空間や、人間的

大阪万博会場造成中の航空写真。

交歓の大デモンストレーションの場を計画することなどが基本事項として確認された。

さらに5月23日、鉄道駅や展示ゾーンの区分、サブ広場やレクリエーション・ゾーンを加味した第二次案が提示される。ここで「15万人のお祭り広場」「メインゲート」「人工頭脳」「動水面」の四つを含む「シンボル空間」を設定、「未来都市のコア」とすることが説明された。また西半分の展示館のエリアを市街地と見立て、東側は流通コンビナートをイメージする駐車場などとして利用する案が提示されていた。

第一次案はイメージプランであり、第二次案はパイロットプランであった。会場計画委員会にあっては、①文化主義、②産業主義、③技術主義などに大別される立場から激論がかわされたという。

文化主義は「人類の進歩と調和」というテーマを、会場の計画に展開するべきだとする立場である。従来の万博では「デモンストレーション・ゾーン」と呼称した催事スペースを「シンボルゾーン」という名称でとらえ直し、テーマを展開しようという意見である。

産業主義は、終了後の跡地利用を前提とするべきだという主張である。シンボルゾーンを都市の核として、西側の展示エリア跡は市街地、東側の駐車場の跡を流通コンビナートとして利活用、北大阪の中核となる都市が誕生するという発想である。

技術主義は、万博は新しい科学と技術をデモンストレーションする場であったという経緯に触発される意見である。最新の技術や素材を、会場建設に適用するべきという考え方である。

その後、さまざまな与件を鑑みながら、各主張を折衷するかたちで第三次案・第四次案がかためられ、基本設計に移ることになる。1966（昭和41）年9月、最終的な会場基本計画案がとりまとめられた。

大阪万博会場の航空写真。

シンボルゾーン

会場の南北を貫き、人々が交歓した巨大施設群

図1　シンボルゾーン

1970年大阪万博では、「人類の進歩と調和」というテーマを具現化するべく、会場中央に南北約1キロ、東西に幅150メートルというシンボルゾーン（図1）を設定、軸線に沿って、交通広場、テーマ館、お祭り広場、美術館やホールなど、人々が交歓する施設群が配置されることになった。

あわせて目に見えるかたちでサブテーマを展開するべく4か所のゲートに伸びる幹線軸が伸びる。その先に各曜日を名称とする広場が設けられ、各国、各企業のパビリオン群が建設される。19世紀にはじまる万国博覧会の歴史上、空間構成がそのままテーマを表現している点において画期的な会場計画であった。

「お祭り広場」（図2）は、基本理念にある「人類協和の喜ばしい一つの広場が出現する」という言葉をもとに西山夘三が「広場」の建設を提唱、これを受けて上《うえ》田《だ》篤《あつし》が、小豆島にあった神社の境内地を参考に命名したものである。

「お祭り広場」の環境演出に関する立案は、磯崎《いそざき》新《あらた》に委ねられた。1967（昭和42）年5月にとりまとめられた報告書では、ロンドン万博のクリスタルパレスやパリ万博のエッフェル塔のようなモニュメントに対して、「お祭り広場」は情報化社会を予見する「インビジブル・モニュメント」と位置づける。またコンピューターを媒介に人とロボットが融合する「サイバネティック・エンバイラメント」を提唱、人型の演出装置（図3）を提案する。

基幹施設のプロデューサーには丹下健三が就任した。丹下は、交通広場、テーマ館、お祭り広場、美術館やホールなどからなるシンボルゾーンの中枢を覆うように、鋳鉄のボールジョイントで鉄管をつな

図2　「お祭り広場」(大屋根・テーマ館・観覧席・ロボットなど)で開催された開会式。
設計＝都市建築設計研究所(丹下健三、神谷宏治)、双星社竹腰建築事務所(福田朝生)、
都市科学研究所(上田篤)、環境計画(磯崎新)、集団制作建築事務所(吉川健)
施工＝大林組、竹中工務店、藤田組、八幡製鉄、住友金属工業、近畿電気工事、須賀工業、
東京芝浦電気、松下電器産業、富士電機製造、神内電気製作所、近畿車輛、日本車輛製造

いだトラス構造のスペースフレーム、いわゆる「大屋根」(図4)を架構することとした。大屋根は、地上で組み立てて、ジャッキで持ち上げて完成させる工法がとられた。日本では先例がなく、米国から持ち込んだジャッキが使用されることになる(図5)。

1967(昭和42)年7月、テーマ展示プロデューサーに岡本《おかもと》太郎《たろう》が迎えられた。地下展示と大屋根の上の空中展示を連絡するエレベーターやエスカレーターを覆う「太陽の塔」(図6)のほか、「青春の塔」「母の塔」(図7)がデザインされた。大屋根に想定されていた円形の開口部から顔を出す「太陽の塔」は、会期中に多くの人に愛され、今日にいたるまで1970年万博のシンボルとなって保存されることになる。

テーマ館のガイドブックにあって岡本は、「テーマ館はEXPO の中心にあって、この祭りの理念を誇らかに表現する。このパビリオンは閉ざされた一個の建物ではない。メインゲート正面の広場にそそり立つ〈太陽の塔〉。祭神であるこのモニュメントを核として、過去・現在・未来の三つの層が重なりあって構成する巨大な空間だ。それぞれが完結していながら、また渾然として一体をなす。

図3　演出ロボット「デメ」と地元小学校のブラスバンド。　設計＝環境計画(磯崎新)

図4　夜の「大屋根」と「太陽の塔」ほか。

図5　ジャッキアップ前の「大屋根」。

図6 「太陽の塔」(テーマ館の一部)
展示設計=現代芸術研究所(岡本太郎)　設計=集団制作建築事務所(吉川健)

図7　左から「母の塔」「太陽の塔」「青春の塔」。

とざされていると同時にひらかれている。三つの空間・時間は互いに響きあい、一つのうちに他の二者をふまえた宇宙の環だ。瞬間々々に輪廻している。マンダラなのである」と書いている。

テーマ館の空中展示には、川添登が監修を担当した。世界的に著名な建築家や都市計画家が手がけた未来都市の模型も展示されていた（図8）。

シンボルゾーンの南端にあって、会場全体のランドマークとなるべく、菊竹清訓の設計になるエキスポタワー（図9）が建設された。鋼管を組み合わせたスペースフレームを3本の主柱で支持、大小9つの多面体のユニットを取り付ける高さ127メートルの展望塔である。メタボリズムの思想を具現化、空中都市のプロトタイプとしてデザインがなされた。

高さ400メートル級の回転展望台付きのタワー案が検討された時期もあったが、諸般の事情により断念された。このほかシンボルゾーンには、高さ50メートルまで七色の炎を常に燃やしている「火の広場」など、計画に記載されたが実現していない事業構想もあった。

図8　空中展示「生活」セクション
左はクリストファー・アレグサンダー《パターン・ランゲージの道》、右はモシェ・サフディ《住宅都市》

図9　エキスポタワー
設計=関電興業、菊竹清訓建築設計事務所　施工=大成建設、大林組、鹿島建設、清水建設、竹中工務店

日本館と外国展示館

世界の建築家が共演した建築の祭典

1970年大阪万博では、77か国（日本を含む）、4国際機関、1政庁、9州市、2企業が参加した。各国が自国の建築家を登用、個性的な展示館を出展した。

たとえばセイロン館（図1）はジェフリー・バワの作品である。巨大な鏡張りのピッラミッドの頂部を落としたような構成のカナダ館（図2）は、アーサー・エリクソンが基本計画を担った。

イタリア館本館（図3）は、斜めに伸びるような幾何学的な外観と、錯覚がおきるような内部の構成が特徴的であった。「ピサの斜塔」ならぬ「大阪の斜塔」と呼ばれたユニークな外観は、トマソ・バーレが手がけた。別館であるイタリア工業館は、レンゾ・ピアノの仕事である。

「光の木」の名で人気を集めたスイス館（図4）は、ウィリー・ワルターの作品である。表面をアルミニウム板で覆った特殊鋼材で構成された樹木状の立体構成は、アルプスの樹氷をイメージしたとされる。大枝、中枝、小枝を段階的に周囲に展開、先端部分に3万2000個ほどの白熱電球が装置されていた。また幹の根元の地下部分に空気調整装置を用意、枝の間から冷やされた清浄な空気を送風した。夜間になるとデコレーション・ツリーのように輝き、鳥の鳴き声を取り込んで構成された電子音楽とあいまって、幻想的な光景を提供した。

1970年大阪万博の会場には、ひときわ大きな展示館が3棟あった。

諸外国のパビリオンのなかで、最大規模を誇ったのがアメリカ館（図5）である。敷地面積は2万平方メートル、標準地表面から6メートルほど掘り下げるとともに、外周に高さ約7メートルのアスファルト・ブロック張りの土手を盛り上げた。その上に長径142メートル、短径

図1　セイロン館
設計＝ジェフリー・バワ　施工＝三井建設

図2　カナダ館
設計=エリクソン・マッセイ建築設計事務所
施工=大成建設

83・5メートルの楕円形の膜で覆い、主送風機4台と非常用発電機付補助送風機2台で空気圧を加えて大空間を支持する。いわゆる「空気膜構造」が採用された。

アメリカ館の展示では「宇宙開発展」が話題となった。アポロ8号の司令船、月着陸船の実物、「静かの海」の着陸地点模型、「月の石」などが陳列された。

会場内で、もっとも高層のパビリオンがソ連館（図6）である。鋭く突き出した展示塔は高さ109・5メートル、頂部に高さ5・5メートルの鎌とハンマーからなる国章が飾られた。変形四角錐で構成された屋根が裾を引くように流れ、長辺130メートル、最大幅70メートルの半月状の展示館を覆った。外装はプレハブ化された鉄板製パネルを使用、白色を基本としつつ、襞の部分が赤く塗り分けられた。設計はモスクワ市建築計画総局が担当した。

内部は天井まで80メートルの無柱の大空間になっており、レーニン生誕100年を記念する陳列や、宇宙船を中心とする科学技術の展示が展開された。地下に800席のコンサート・ホール、450席の映画劇場などに充てられた。

会場内最大の展示館が、日本館（図7）である。3万7791平方メートルの敷地は、国土の1000万分の1にあたる。高さ80メートルの塔を囲むように、円形の展示館を5館配置する。俯瞰すると桜花のように見える建物の配置は、万国博のシンボルマークをかたどったものだ。展示館は直径58メートル、高さ27メートル、3本の柱によって支持され宙に浮かんでいるように見える。日建設計の設計である。

日本館は「日本と日本人」がテーマである。各展示館を「むかし」「いま」「あす」と位置付け、日本という国、日本人という民族がどのような歴史を経て、いかなる理想をもって未来へ進むのかを世界に訴求することが意図された。タンカーの船尾をモチーフとする鋼鉄の壁、リニアモーターカーの模型、自動装置によって所作を見せる文楽人形、原子力の平和利用への思いをこめた「かなしみの塔」「よろこびの塔」など、印象に残る展示が展開された。

図3　イタリア館本館
設計=トマソ・バーレ　施工=大成建設

図4　スイス館
設計＝ウィリー・ワルター　施工＝戸田建設

図5　アメリカ館
設計=デイヴィス・ブロディ=チャマイエフ&ガイスマー=デハラク・アソシエーツ　施工=大林組

図6　ソ連館
設計=モスクワ市建築計画総局　施工=竹中工務店

3月
MAR.
25
欧州共同体
の日
EUROPEAN
COMMUNITIES
DAY

図7　日本館
設計＝日建設計工務　施工＝清水建設、鹿島建設、大成建設、戸田建設

国内展示館

多くの才能が一堂に会して実現した大阪万博の華

図1　万国博美術館
設計＝建築研究協会（川﨑清）
施工＝安藤建設、住友建設、東海興業、日産建設

1970年大阪万博では、多くの建築家やデザイナーが活躍の場を得た。主催者側の業務では、万国博美術館（図1）は川﨑清《かわさききよし》、吊り構造になる協会本部ビル（図2）は根津耕一郎《ねづこういちろう》、動く歩道（図3）と7つの広場（図4）は曽根幸一《そねこういち》が、それぞれ設計を手がけている。またサイトファニチャー（図5）はイ榮久庵憲司、池に設置された噴水彫刻（図6）はイサム・ノグチの作品である。

民間のパビリオンも建築家が腕を競い合った。著名な建築家に依頼した企業もあれば、新進気鋭の建築家に未来的な造形を求めた事例もある。

主要なものを列記すれば、鉄鋼館（図7）と自動車館（図8）は前川國男、東芝IHI館（図9）とタカラ・ビューティリオン（図10）は黒川紀章、住友童話館（図11）は大谷幸夫《おおたにさちお》、リコー館（図12）は日建設計の林昌二《はやししょうじ》、松下館（図13）は吉田五十八、電力館（図14）は坂倉準三、三井グループ館（図15）は東孝光《あずまたかみつ》、ワコール・リッカーミシン館（図16）は進来廉《すずきれん》&真島松太《まじましょうた》、虹の塔（図17）は清家清といった具合である。

デザイナーの発想が活かされた建築造形もあった。せんい館（図18）などが一例である。繊維製品に特有のなだらかな懸垂曲線を再現したスロープ状の建物の中央部に、赤いドームが突き出している。建築は大林組建築本部設計部の作品である。

話題となったのはドームの周りに設置された建築足場と、ヘルメットをかぶり工事を担っている作業員の姿をした人形群である。造形ディレクターを担っていた横尾忠則《よこおただのり》の環境芸術作品「凍結足場」である。未完成の美しさを表現したものとされた。

そのほか多様な造形を併置した三菱未来館（図19）、芋虫のような外観のフジパン・ロボット館（図20）、古代の東大寺七重塔を再現した古河パビリオ

図2　協会本部ビル
設計＝根津耕一郎　施工＝銭高組、鴻池組、間組、三井建設、日本エレベーター製造

ン（図21）、宇宙船を想起させる日立グループ館（図22）など、ユニークな外観のパビリオンが人気を集めた。

新たな建設技術に挑戦する事例もあった。たとえば、富士グループ・パビリオン（図23）や関西電力の水上劇場では、エアビームによる構造が実践された。

富士グループ・パビリオンでは、直径4メートル、長さ78メートルの高強度ビニロン帆布製のエアビーム16本に圧搾空気を送りこんで自立させ、相互に連結することで無柱の大空間を構築した。内圧は常に外圧より0・08気圧高く保つこととし、また0・25気圧ほど外圧より高めることで、秒速60メートルの暴風による風荷重に耐えることができるとされた。

もっとも設計に際しては苦労があったようだ。空気膜構造を専門とする村《むら》田《た》豊《ゆたか》によって、基本的なデザインが描かれていたが、当時の技術では複雑な曲線を設計図に落とし込むことができなかった。そこでカーデザイナーの沖《おき》種《たね》郎《お》が自動車の設計手法を応用することで解決を見たという。

図3　動く歩道
設計＝環境設計研究所（曽根幸一）
施工＝西松建設、飛鳥建設

図4　日曜広場（手前）
設計＝環境設計研究所（曽根幸一）
施工＝村本建設（その他の広場は別）

図5　サイトファニチャー
ディレクター＝榮久庵憲司　デザイン＝GKインダストリアルデザイン研究所、剣持勇デザイン研究所、トータルデザインアソシエーツ

図6　噴水彫刻　設計=イサム・ノグチ
施工=万国博大噴水設備工事共同企業体（久保田鉄工、日立製作所、東京芝浦電気、栗田工業、荏原製作所、富士電機製造、岩崎電機）

一方、電力館の水上劇場は、水面に浮かぶ外径23メートルの円形建築物の上部を、アーチ形の3本のエアビームと、その間に張った2層の膜で支える構造であった。膜構造が採用されたのは屋根だけではない。鉄骨造の床の底部にビニール膜製の多数の浮袋を装置、建物全体が180度回転する趣向になっていた。

設計論では、成長し、新陳代謝する建築や都市のモデルを提示する「メタボリズム」が着目された。1960年の「世界デザイン会議」に関わった建築家たちは、「METABOLISM/1960 – 都市への提案」を発表、「海上都市」「塔状都市」「新宿ターミナル再開発計画」などを提案していた。彼らの理論が、1970年大阪万博において黒川紀章が手がけたタカラ・ビューティリオンや、菊竹清訓のエキスポタワーなどに結実する。

「美しく生きる喜び」をテーマに掲げるタカラ・ビューティリオンは、上下4方向に鋼管フレームを規則正しく組み上げ、骨組みのなかにステンレス製の正六面体のカプセルを収める。カプセルに多様な機能をもたせることで、自在に建物を構成することができる。またフレームを繋ぎ増殖させることで、縦横上下に簡単に拡張することができる。成形され内装を完成させたカプセルを会場に運びこみ組みあげた。施工に1週間しか要しないことが強調された(図24)。

図7　鉄鋼館
設計=前川國男建築設計事務所　施工=大林組、鹿島建設、清水建設、大成建設、竹中工務店

図8　自動車館
設計=前川國男建築設計事務所　施工=竹中工務店

図9　東芝IHI館
設計=黒川紀章建築・都市計画事務所　施工=竹中工務店

図10　タカラ・ビューティリオン
設計=黒川紀章建築・都市計画事務所　施工=竹中工務店

図11　住友童話館
設計=大谷研究室（大谷幸夫）　施工=鹿島建設

図12　リコー館
設計=日建設計工務（林昌二）　施工=大成建設

図13　松下館
設計=吉田五十八　施工=大林組、鹿島建設、竹中工務店

図14　電力館
設計=坂倉準三建築研究所(本館)、村田豊建築事務所(別館)　施工=竹中工務店

図15　三井グループ館
設計=環境計画&東孝光　施工=三井建設、鹿島建設

図16　ワコール・リッカーミシン館
設計=連建築設計事務所（進来廉&真島松太）
施工=竹中工務店

図17　虹の塔
設計=東京工業大学清家清研究室　施工=大成建設

図18　せんい館
設計=大林組　施工=大林組、竹中工務店

図20　フジパン・ロボット館
設計=三共建築設計事務所　施工=大林組

図19　三菱未来館
設計=三菱地所　施工=竹中工務店

図22　日立グループ館
設計=東日建設コンサルタント　施工=大林組

図21
古河パビリオン
設計=清水建設
施工=清水建設

図23　富士グループ・パビリオン
設計=村田豊建築事務所　施工=大成建設

図24　建設中のタカラ・ビューティリオン。

(1) 太陽の塔

世界に誇る人類の遺産

「太陽の塔」は大阪万博のテーマ「人類の進歩と調和」を表すテーマ館の一部であった。科学技術よって疎外されている肉体や全体性の回復を訴え、テーマや未来都市に真っ向から反対するような「太陽の塔」が、今日では大阪万博を代表するモニュメントとなったことはご存知の通りである。

大阪万博終了後、解体される予定であったテーマ館は、「太陽の塔」のみが保存運動の末、現在まで巨大彫刻として愛されてきた。しかし、テーマ館の一部であり、パビリオンであったということは長らく忘れられてきた。パビリオンということは、内部に展示空間を持っていたということである。

テーマ館では、地下・地上・空中の3層構造になっており、それぞれ過去―根源の世界、現在―調和の世界、未来―進歩の世界を表していた。「太陽の塔」は地上展示の一部であり、その他に「青春の塔」や「母の塔」も立っていた。そして、「太陽の塔」の塔内展示には、「生命の樹」があり、生命のエネルギーを表していた。

さらに、地下展示から始まり、「太陽の塔」の右腕部分から通り抜けて、巨大な「大屋根」と繋がっており、空中展示を見て地上に降りることができた。また、「太陽の塔」には、頂上に「黄金の顔」、中央に「太陽の顔」、背面に「黒い太陽」、かつては地下に「地底の太陽」という4つ顔があった。

テーマ展示プロデューサーであり、作者の岡本太郎は、テーマ館の公式ガイドブックに、3つの空間・時間が輪廻するマンダラであると解説している。マンダラは、胎蔵界曼荼羅《たいぞうかいまんだら》と金剛界曼荼羅《こんごうかいまんだら》が対の両界曼荼羅《りょうかいまんだら》となって、内宇宙と外宇宙を構成している。特に立体になっているものは、羯磨曼荼羅《かつままんだら》と言われ、東寺などに見られる。岡本太郎も東寺を参考にしたと公私のパートナーである岡本《おかもと》敏子《としこ》氏にお聞きしたことがある。内部と外部と3層構造によって岡本太郎流のマンダラにしたのは間違いないだろう。

テーマ展示は、小松左京《こまつさきょう》（地下）、千葉和彦《ちばかずひこ》（地上）、川添登（空中）、平野繁臣《ひらのしげおみ》（運営）の4人がサブ・プロデューサーを担当し、バラエティ豊かな展示が実現した。

そして、2018（平成30）年、平野暁臣《ひらのあきおみ》（敏子の甥で繁臣の子息）が総合プロデューサーを担当した内部再生プロジェクトが完了。塔内の一般公開が48年ぶりに再開された。行方不明になり見つからないままだった「地底の太陽」も復元され、地下展示空間の一部は「地底の太陽ゾーン」として、映像や照明を駆使して蘇った。

「地底の太陽ゾーン」には、大阪万博当時展示されていた、世界の仮面と神像も、寄贈した国立民族学博物館から返還され、実物が再展示されることになった。それらは、民族学者でもあった岡本太郎が、国立民族学博物館の初代館長となった梅棹忠夫《うめさおただお》や東京大学の教授であった泉靖一《いずみせいいち》と企画して、当時若手の民族学者を世界中に派遣して集めたもので、国立民族学博物館創立のため

現在の「太陽の塔」。2018（平成30）年、改修工事を経て内部が公開された。

再生した「生命の樹」。

新たに作られた「地底の太陽ゾーン」。

の基礎資料となった貴重な品々である。

　再生の主役である「生命の樹」は、単細胞生物からクロマニョン人まで、33種類の生物模型が、約41メートルの巨大な樹木状のオブジェに取り付けられていた。しかし、全292体あった生物模型の多くは失われており、残ったものも傷みが激しかったため、修復や再制作され約180体が復元された。黛敏郎《まゆずみとしろう》作曲の「生命の讃歌」も当時同様に塔内で流されている。

　「大屋根」は、初期からエスカレーターで昇れるプランだったが、それを「太陽の塔」で包み込み、さらに地下・地上・空中の有機的な展示空間を考案した岡本太郎の立体感覚は素晴らしい。さらに、膨大な人数を滞りなく移動させるために、エスカレーターを使って「生命の樹」を見せるという離れ業を実現させた。

　現在は、「大屋根」がないので、エスカレーターではなく、階段を上ってゆっくり観賞するスタイルに変わった。また、幾つかの生物は動くようになっていたが、代わりにLEDを使った照明による演出が行われるようになった。

　未来が訪れた今、空中には行けないが、「太陽の塔」に込めた岡本太郎のメッセージや意図は十分に伝わるだろう。未来人である我々の心も打つ「太陽の塔」は、大阪万博のレガシーに留まらず世界に誇る人類の遺産といえるだろう。

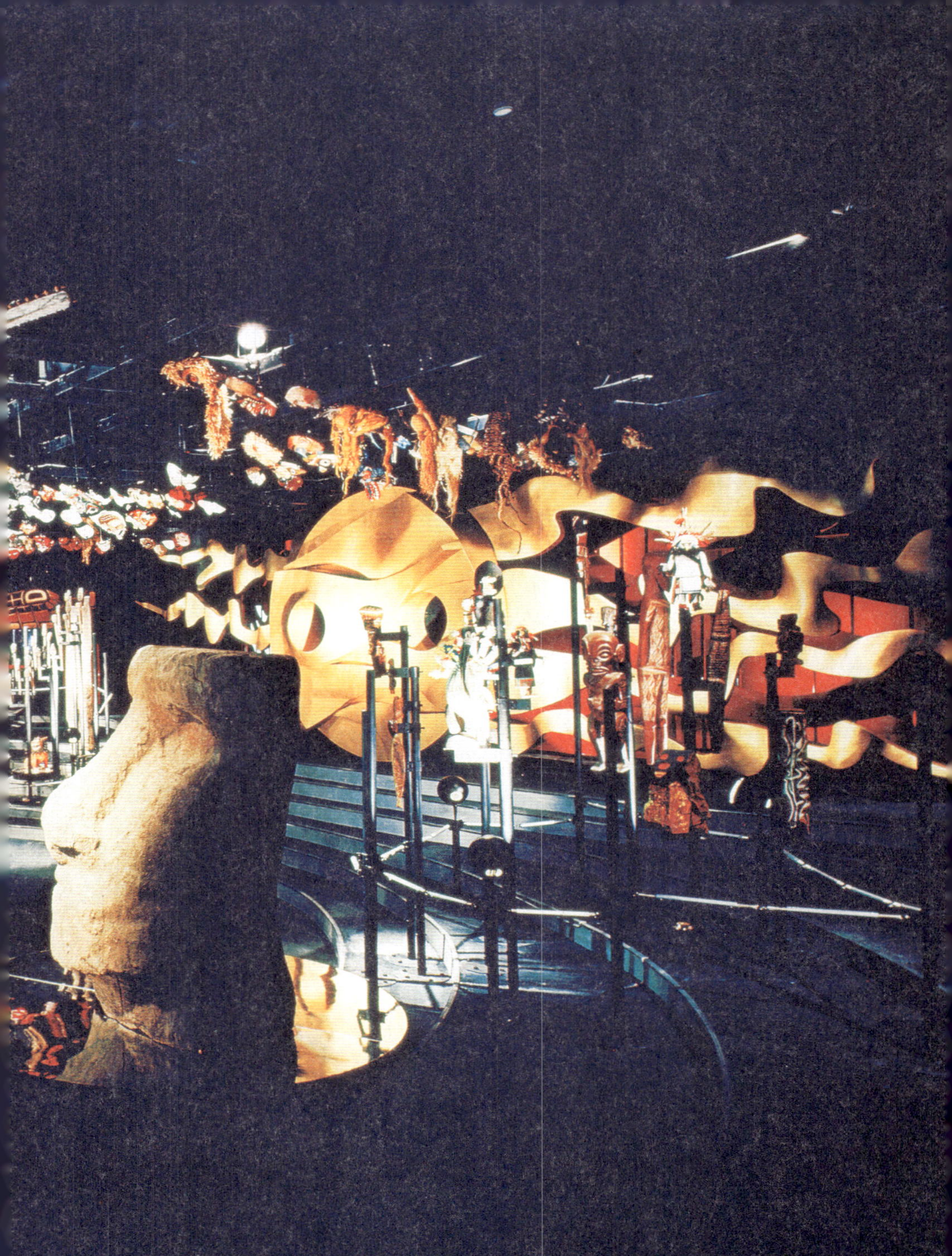

大阪万博開催当時の地下展示「いのり」。右奥に第4の顔「地底の太陽」が見える。天井には民族学者が世界中から集めた仮面が吊り下げられ、神像が展示されている。その一部は現在「地底の太陽ゾーン」で展示されている。

(2) EXPO'70パビリオン

音楽の殿堂から大阪万博の記憶の殿堂へ

EXPO'70 パビリオンの外観。

EXPO'70 パビリオン内部の円形ホール。

EXPO'70パビリオンは、大阪万博の際は、日本鉄鋼連盟出展による鉄鋼館として展示されていた。しかし、会期終了後も音楽ホールとして恒久使用されるため、堅牢な作りになっていた。

丹下健三の師である、前川國男が設計し、重厚でモダンな外観の内側に、スペースシアターと呼ばれた円形ホールを設けた。ホール内は天井・壁・床下に1008個のスピーカーが組み込まれ、「巨大な楽器」として作られた。それらは武満徹《たけみつとおる》が演出プロデューサーとなり、藤田尚《ふじたたかし》(NHK技術研究所主任研究員)が設計した、最新の音響空間であった。また、宇佐美圭司《うさみけいじ》によるレーザー光線の演出も行われていた。

その最先端の設備のため利用用途が限られており、終了後は期待するほど活用されることはなかったが、2010(平成22)年に大阪万博40周年を記念して当時の膨大な資料を展示するEXPO'70パビリオンとして蘇った。ミュージアム化する際、橋爪紳也が展示を監修した。

円形ホールに入ることはできないが、往時を思わせるライトアップされた演出を、ガラス越しに見ることができる。また、ホワイエでは企画展が定期的に開催され、さまざまな切り口で大阪万博の資料を見ることができる。さらに、フランス人の彫刻家フランソワ・バシェの音響彫刻も復元され展示されている。EXPO'70パビリオンは「太陽の塔」とともに、当時の状況を振り返ることができる貴重な施設になっている。

(3) 大阪日本民芸館

関西の民藝運動の拠点

日本民芸館も、大阪万博終了後は、東京の日本民芸館の分館として存置されるため、恒久施設として作られた。「民藝」とは、柳宗悦《やなぎそうえつ》が提唱した、庶民の生活の中で作られた工芸品のことであり、1936（昭和11）年には東京・駒場に日本民藝館が創設されている。

大阪万博開催当時は「暮らしの美」をテーマに、日本民藝館から300点、新作500点が出品された。三角形の敷地に中庭を囲うように設計され、回廊式の4つの展示室をゆったり鑑賞できる。大林組が設計を担当し、鉄筋コンクリート造の平家建（一部2階建）は、奇抜なパビリオンが多かった大阪万博の中で、静謐な佇まいを今に残している。

大阪万博終了後の1971（昭和46）年、大阪日本民芸館として開館。初代館長は、柳宗悦とともに、民藝運動を推進してきた陶芸家の浜田《はまだ》庄司《しょうじ》が就任した。現在では、日本民藝館と大阪日本民芸館の収蔵品を中心に年に2回、特別展が開催されている。

大阪日本民芸館の内部。

大阪日本民芸館の外観。

⑷ 日本庭園

庭園史を一望できるタイムマシン

日本庭園内の心字池。

大阪万博のレガシーの中でももっとも当時の雰囲気を残しているのは、日本庭園かもしれない。政府出展施設として作られた、大阪万博会場の北側の東西を占有する東西1300メートル、南北200メートル、26ヘクタールにも及ぶ巨大な庭園である。基本設計は、戦後の大阪の都市公園計画を担った造園家の田治《たじ》六郎《ろくろう》を主任とした13人のグループが行った。

上代（平安時代）、中世（鎌倉時代・室町時代）、近世（江戸時代）、現代（明治以降）という4つ庭園様式を辿ることができる、庭園のタイムマシンといえる。西から東への傾斜を利用して、源泉から渓流、滝、池が配置され、約7000トンの変成石や約11万本の木々が植えられた。外国の元首や貴賓を接待した茶室が現存している。

春夏秋冬によって咲く草花が違い、近隣住民の憩いの場であると同時に、多くの写真愛好家が集うスポットになっている。特に、初夏のシーズンには、早朝観蓮会が実施され、池一面に咲く蓮を見るために多くの来場者が訪れる。過去に想いをはせ、今を感じることのできる場所であり、現在においても大きな役割を果たしている生きた博物館といえるだろう。

日本庭園内の茶室「千里庵」と枯山水。

大阪万博開催当時の日本庭園。東西1300メートル、南北200メートルの広大な敷地を占める。

都市建築としての新・大阪モダン建築

髙岡伸一

大大阪時代から新大阪時代へ

新朝日ビル（1958）、新ダイビル（1958、1963）、大阪・新歌舞伎座（1958）、新大阪駅（1964、1966）と、本書には名称に「新」の字のつく建築が4つ登場する。その他にも新阪急ビル（1962）や新住友ビル（1962）など、高度経済成長期の大阪を代表する大規模な建築には、「新○○ビル」と名付けられた建築が多い。「新」というからには「旧」があるわけだが、朝日ビル（1931）、ダイビル（1925）、大阪歌舞伎座（1932）、大阪駅（1874、1901、1940）、阪急ビル（1920〜）、住友ビル（1926、1930）と、いずれも明治時代から昭和のはじめにかけて、大阪が近代化を推し進めた時代、とりわけ1925（大正14）年の第二次市域拡張によって日本一の人口を誇る大都市となり、経済的にも文化的にも発展した「大大阪時代」を代表する建築がずらっと並ぶ。興味深いのは、建築主と設計者、そして施工者の組み合わせが、大阪駅を除けば旧と新でほぼ変わらないこと。ダイビルでは設計者が渡辺節から弟子の村野藤吾へと引き継がれ、歌舞伎座は大林組の設計・施工が、これも村野藤吾の設計に変わっているが、その他のビルはどれも同じ体制で建てられている。（旧）住友ビルの設計が住友工作部で、新住友ビルは日建設計だが、住友工作部を継承して発足したのが日建設計だから、これも同じとみて差し支えないだろう。

そこからは企業どうしの結びつきが強い大阪の風土が見て取れるが、戦前から戦後へと時代が移っても、大阪の建築界を支えた主役陣に変化のないことをも示している。戦争によって日本の建築活動は10年間の空白を余儀なくされ、歴史的に私たちはそこへ大きな断絶を置きがちだが、そうすると見えなくなってしまうことが少なくない。例えば、阪急航空ビルや大阪神ビルなどは、戦前すでに工事が始まっており、鉄鋼の使用制限などによって中断を余儀なくされたため、戦後になって全体が完成した建築だ。大大阪時代を代表する近代建築として紹介されることの多い日本生命の本館も、完全に完成するのは1962（昭和37）年になってからのこと。デザイン面でみても、ダイビルと新ダイビルでは全くスタイルが異なるが、朝日ビルは新朝日ビルと同じ戦後に建てられたといってもおかしくないモダニズムであるし、大阪歌舞伎座にいたっては、村野藤吾の新歌舞伎座の方が、伝統的な意匠を纏っている。戦争は大きな中断ではあったけれども、建築的には断絶によるリセットではなかった。大大阪時代から連続する建築活動の延長線上に、戦後の「新」ビルは大阪の都市に出現する。

そこで本書では戦後の復興期から高度経済成長期にかけて、具体的には1970（昭和45）年の大阪万博のピークを経て、大阪に100メートルを超える超高層ビルが登場する1973（昭和48）年までの期間を、「大大阪時代」に続く「新大阪時代」と名付け、その時代を代表する建築群を、「新大阪時代の建築」と呼ぶことにした。ただ「新大阪」は一般に新大阪駅とその周辺エリアを指す名称として定着しているので、本書のタイトルは『新・大阪モダン建築』としている。

新大阪時代の建築

戦前の大大阪時代と戦後の新大阪時代を同じ俎上にのせた上で、両者の建築の違いを見ていこう。

まず何より建築が巨大化した。私たちが前著の『大大阪モダン建築』で取り上げた近代建築の多くも、建設当時は周囲を圧する大建築として現れたが、新大阪時代の建築は、その巨大さの尺度自体が大きくなった。これは基本的に都市の高度利用が進展したもので、歴史的に日本の都市は、小さな低層の木造建築が密集して形成されてきたが、これでは都市行政としても、また経済活動としても都心の土地利用という観点から非常に効率が悪く、近代都市としての発展は望めない。ある程度まとまった広い土地に高層建築を建設していくことは、近代日本の都市の大きな課題であり続けた。一方、当時の建築基準法では、建築物の最高高さは原則として31メートル（百尺）に制限されていたため、床面積をかせぐためには、ビルは横に広がるしかなかった。そして生まれた大規模建築、例えば延床面積7・5万平方メートルの新朝日ビルや、8万平方メートルを超えた新ダイビル、263戸を収容した西長堀アパートなどは、マンモスビル、マンモスアパートと市民からあだ名されるほどの巨漢を誇った。とはいえ本書に登場する大規模ビルには、高さ31メートルを超えるものも多い。これは本文で繰り返し解説したように、法律上の特例を積極的に活用した結果で、基準法の制限がありつつも、大阪駅前や中之島を対象エリアに、ビルの更なる高層化へ向けた助走を官民で強めていった。特に四周にオープンスペースを確保した関西電力の本社ビルは、来たる超高層ビルのひとつの型を準備したといえるだろう。また本文では特に言及しなかったが、この時代は法律で高さを抑えられたことによって、地下工法の技術が大きく発達した。大手ゼネコンは競うように新たな工法を編み出して、地下へ地下へと床を広げていった。

新大阪時代の建築に大きな影響を与えた要因のひとつに、交通網の発達、モータリゼーションの進展によるマイカー時代の到来があげられる。大量輸送に対応すべく複数の路線を跨ぐかたちで天王寺民衆駅が建てられ、夢の新幹線が副都心として整備された新大阪駅へと届き、大阪国際空港のターミナルビルが建設された。そしてこれらをつなぐ阪神高速道路や新御堂筋、名神高速道路といった高速道路網が急ピッチで整備されていく。モータリゼーションの波はオフィスビルや商業施設の建築計画にも変更を迫り、モータープールとそこへ至る車路の確保のために、1階のプランニングが変わっていった。通常、歩車分離という言葉は地域の道路計画に対して用いられるが、建築内部においても歩行者と自動車の動線を交錯させることなく、スムーズに流すことが課題となる。また郊外の宅地開発と呼応してターミナル駅周辺のアミューズメント化を推し進めた阪急や南海といった私鉄各社は、劇場や映画館、野球場などの集客施設を競って建てるが、大量の観客が一度に出入りする建物内の動線はいうまでもなく、ターミナル駅を下りたところから始まる施設間の動線が、周辺一帯に大きな影響を与えることになった。他にも百貨店や他の交通機関への乗り換え、自動車やバスなどの乗り入れなど、さまざまな目的をもった人々や交通機関が集散するターミナルの設計は複雑を極めることになるが、渋谷や新宿を手がけた建築家・坂倉準三は、南海会館でもその手腕を遺憾なく発揮した。

そしてマイカー時代の到来は、高速道路のサービスエリアやガソリンスタンドといった、今までになかったビルディングタイプを登場させ、坂倉準三や村野藤吾といった建築家に、新しいデザインに挑戦する機会を提供した。また実現はしなかったものの、大阪駅前第1ビルの大阪駅前市街地改造事業や、超高層ビルの大阪国際ビルでは、構想段階において阪神高速道路からランプウェイを分岐し、建物の低層階へと直接引き込むビジョンが示されていた。そして1970（昭和45）年の大阪万博開幕に合わせて、ビルの屋上に高架道路が載って構造体を共有する、ハイブリッドな巨大都市構築物として船場センタービルが完成する。つまり新大阪時代は、道路が敷地を超えて建物へと侵入するなど、交通と建築が分かちがたく一体化していった時代といえるだろう。新大阪時代の建築は、交通の建築である。

さらに新大阪時代は、大阪駅前第1ビルに始まる4棟の高層ビルを建設した大阪駅前市街地改造事業が、1961（昭和36）年に制定された市街地改造法の適用第1号となったことに象徴されるように、都心の面的開発が推し進められた時代だった。他にも1970（昭和45）年に完了した谷町市街地改造事業や、11の街区を対象に構想された壮大な上六・下寺町防災建築街区の他、大阪城公園の東に横たわる広大な軍事関連の跡地を活用して、大阪市の法円坂団地高層共同住宅や日本住宅公団の森之宮団地などが整備されていく。民間においても阪急が梅田駅を基点に、そして南海が難波駅を基点として、グループ企業による商業建築群が面的に展開され、「阪急村」などと呼ばれるようになっていった。

いくぶん大雑把な整理ではあるが、戦前の都市整備は基本的に「線」の開発だった。市電敷設のために道路を拡幅して堺筋がメインストリートとなり、沿道に百貨店や高級な商業施設が建ち並んだ。そして第一次都市計画事業によって既存の道を大幅に拡幅した御堂筋が整備され、計画を推進した関一市長や片岡安《かたおかやすし》らは、沿道に高層建築群が並ぶ近代的な都市美の実現を構想した。大大阪時代は、道路建設の時代だったといってよい。もちろん戦後も中央大通（築港深江線）や千日前通（泉尾今里線）など、大規模な道路拡幅は続けられるが、新大阪時代の都市計画は、密集市街地や工場跡地といった、低未利用地の大規模な面的整備に注力するようになる。

1964（昭和39）年の開通以降、郊外を結んで都心に張り巡らされる阪神高速道路は、都市イメージの線から面への転換をさらに促した。地下鉄による移動もそうだが、高架道路に「通り」や「街並み」といった概念はない。点と点の間を結ぶ、時間のかかる瞬間移動だ。地上においても自動車などの高速移動が、人々の意識からシークエンスの感覚を遠ざける。つまり日常の都市生活に蓄積されていく都市のイメージは、沿道に建築が建ち並ぶ街並みの景観から、あるエリアに複数の大規模ビルが面的に林立する、新たな都市景観へと転換していったのではないだろうか。その意味で、1969（昭和44）年以降、今なお行政による積極的な街並み誘導が続く御堂筋沿道の街並みは、新大阪時代に完成をみた都市景観であっても、大大阪時代の関一市長が思い描いた都市美の創出が、戦争による中断を経て、高度経済成長期にようやく完成をみたものと捉えるべきかもしれない。

新大阪時代の建築の魅力とは

ひとつの建築のスケールが巨大化し、発達する都市交通網と分かちがたく一体化され、複数の街区に渡って大規模な高層建築が林立する都市景観を構成していく。まとめると、新大阪時代の建築とはそういうことになる。大大阪時代の近代建築を形容する際に語られるような建築様式や、自由な発想による建築家のデザイン、プロポーションの妙や、素材の扱いといった点には触れていない。もちろん新大阪時代の建築に、私たちの目を楽しませる美的な魅力がないわけでは決してない。生涯大阪に拠点を構えて活躍した建築家、村野藤吾の魅惑的な造形や優美なディテールは、新大阪時代の建築を語る上で決して外すことのできないものであるし、組織の看板に隠れて言及されることは少ないが、金属素材を外装に多用して都会的な感覚を提示した竹中工務店の小川正などは、もっと評価されてよい存在だ。行政の営繕や公団といった公的機関も、この時代は気を吐いた。また外壁やエントランスを飾る芸術家の作品とのコラボレーションも、この時代の建築の特徴にあげられるだろう。しかし新大阪時代の建築が最も面白いのは、急激に変化していく都市との応答関係から、まだ見ぬ未来を建築として析出させていく、都市と建築のダイナミクスだと思う。それは大阪万博のパビリオンのような、いわゆる未来的なデザインには限らない。まるで都市のように拡大（巨大化・高層化）を止めないオフィスビルはどのような建築であるべきか、多様な機能と交通が絡み合う、まさに都市のような複雑さを立体的にどう解くか、そして土地から離れて権利すら立体的に積層されていく、都市改造ビルにどうやって元の市街地を移植するかなど、設計者たちは模範解答を持たぬままに建築にかたちを与えていくことで、未来の都市を現実化していった。例えば大阪駅前市街地改造事業は、スーパーブロックによって4棟の高層ビル（そのうち第3ビルは100メートルを超える超高層ビル）を建設し、3階の屋上に駐車場を設けて立体的な歩車分離を図り地上を歩行者へ開放しようとした、実に新大阪時代らしい建築（群）のひとつだが、誰をも一目で惹き付ける魅力的な造形をもっているわけではない（私は好きだが）。しかし20年の長期に渡る事業の過程で周辺環境や法制度が繰り返し変更され、当初は全く同じ形態の4棟を建てるはずだった計画が、高さ制限が解除されていくことで高さが変わり、想定を超える地下街の発達に対応すべく地下の接続を徐々に強め、屋上は高層化と引き替えに人の集まる公開空地へと変わっていった。それは急激な都市形成の変化の年表を、そのまま標本化したような建築なのだ。そのダイナミクスは、高度経済成長期だからこその面白さであり、都市こそが、その建築を設計したとさえいえるかもしれない。大大阪時代は道路建設の時代で、建築はお膳立てされた土地の中に建てられたとすれば、新大阪時代は道路などの都市インフラと建築が急激な成長の過程で融解していき、「建築＝都市」へと生成変化した、「都市建築」の時代といえるだろう。

新・大阪モダン建築関連年表 1945-1973

本書に特に関係する項目は、赤文字：掲載建築、◉：都市計画関連、◆：関連法・団体、★：関連情勢に分類した。

西暦・和暦	月	大阪建築・都市計画関連・関連法・関連団体	日本	世界
1945 20	1	◉大阪市が、初めての空襲を受ける		
	2			ヤルタ会談開催
	3	◉第1次大阪大空襲	東京大空襲	
	5			ヤルタ会談開催
	6	◉第2～5次大阪大空襲		
	7	◉第6～7次大阪大空襲		ポツダム宣言発表
	8	◉第8次大阪大空襲	広島に原子爆弾投下。ソ連、対日宣戦布告。長崎に原子爆弾投下。ポツダム宣言受諾。天皇、戦争終結の詔を放送(玉音放送)。日本、無条件降伏。終戦。連合国最高司令官マッカーサー元帥、神奈川・厚木に到着	
	9	大阪歌舞伎座など開場　◉枕崎台風の影響による高潮が、大阪湾に来襲　◉大阪にも闇市が現れる　◉進駐軍が和歌山に上陸　◉大阪市、復興局を設置　◉復興都市計画の立案を開始		
	10		GHQ、日比谷の第一生命相互ビルで執務開始。国際憲章、20か国で批准・発効。国際連合発足	
	11	人口調査。大阪府人口280万人、大阪市人口107万人　住友本社が、財閥解体指令に基づいて、解散の方針を発表　戦後初の大阪府議会が開かれる	GHQ、持株会社の解体に関する覚書を発表(財閥解体の端緒)	
	12	◆戦災地復興計画基本方針閣議決定	第一次農地改革	
1946 21	1		天皇人間宣言発布。GHQ、軍国主義者等の公職追放を指令	
	2	『新大阪』創刊		
	3			チャーチル英国首相、米フルトンで「鉄のカーテン演説」。スターリンソ連首相が反発(冷戦の始まり)
	4		第22回衆議院議員総選挙。新しい選挙法による最初の選挙となる	
	5	◉大阪市、復興都市街路計画を策定	極東軍事裁判始まる。第1次吉田茂内閣成立	
	7	◉そごう百貨店、進駐軍に接収され、PXとなる		
	8	◉大阪府警察部が、闇市の閉鎖を決定し、取締りを行う		
	9	◉大阪市、復興都市計画土地区画整理計画を策定　◆特別都市計画法公布・施行		
	11		日本国憲法公布	
	12			
1947 22	1	◉大阪市、大阪特別都市計画公園計画決定(112か所823ヘクタール)		
	2	闇物資の一斉取締りが始まる		
	3	◉戦後初の大阪府営住宅が建設される	第1回統一地方選挙	
	4	◉近藤博夫、第11代(公選初代)大阪市長に就任　赤間文三、第36代(公選初代)大阪府知事に就任　阪急百貨店が、京阪神急行電鉄から分離独立	地方自治法公布。第1回参議院議員選挙	
	5		日本国憲法施行	
	6			マーシャル米国務長官、ヨーロッパ復興計画を発表(マーシャル=プラン)
	7	◉大阪市、大阪港復興計画として、修築10か年計画の工事に着手　◉大阪市復興局を改組、土木局及び建築局設置　メトロ(2代目)※P016		
	10	第6回国勢調査。大阪府人口333万人、大阪市人口155万人		ジュネーブで関税と貿易に関する一般協定(ガット)調印
	11	中座開業※P020　◉特別都市計画区域決定(296平方キロメートル)		

	12		改正民法公布(家制度を廃止)	
1948 23	4	大阪城公園開園		
	5			イスラエル共和国、成立宣言。パレスチナ戦争勃発
	6		福井地震(M7・3)	ソ連によるベルリン封鎖が開始
	8	大阪城、接収解除		大韓民国(韓国)樹立
	9			朝鮮民主主義人民共和国(北朝鮮)が成立
	12	梅田地下街、大阪駅地下飲食娯楽街開設	GHQ、日本の経済復興にむけて、経済安定9原則を指示	
1949 24	1	大都市への転入制限が解除される	第24回衆議院議員総選挙。新憲法による初の総選挙	
	3		GHQ経済顧問、収支均衡予算のドッジ・ライン実施を要求	
	4		GHQ、1ドル360円の単一為替レート実施	北大西洋条約機構(NATO)成立
	5	◉国民金融公庫大阪支所開業		
	6	◆戦災復興都市計画の再検討に関する基本方針閣議決定	ソ連からの引き揚げ再開	
	7	大阪城天守閣の公開始まる		
	8		シャウプ勧告発表	
	9			ドイツ連邦共和国(西ドイツ)が成立
	10			中国人民共和国が建国宣言。ドイツ民主共和国(東ドイツ)成立
1950 25	5	◆建築基準法公布 ◆住宅金融公庫法公布・施行		
	6	◆住宅金融公庫大阪支所開業 ◆大阪府住宅協会ができる		★朝鮮戦争が勃発
	7	大阪プール完成(大阪・扇町公園) ※P022		
	8	大阪プール、オープン ※P022	警察予備隊令公布	
	9	大阪球場開場 ※P024 ◉ジェーン台風襲来 大阪府下全域に、災害救助法が適用される		
	10	第7回国勢調査。大阪府人口385万人、大阪市人口195万人		
	11	大阪化学繊維取引所開業 ◆建築基準法施行 ◉都市計画防火地域が決まる	NHK東京テレビジョン実験局、定期実験放送を開始	
	12	◉大阪湾の高潮防御対策工事が始まる		
1951 26	1	住吉貯木場第1号池完成	NHK、第1回「紅白歌合戦」を放送	
	4	中井光次、第12代大阪市長に就任		
	6	◆公営住宅法公布		
	7	◉大阪球場に関西で初めての夜間照明設備ができる ◆公営住宅法施行		朝鮮休戦会議
	8	阪急航空ビル完成 ※P032		
	9		★サンフランシスコ講和会議開催。対日講和条約調印。★日米安全保障条約調印	
	10	国際見本市会館完成 ※P034		
	11	◉阪神マートが阪神百貨店と改称。阪神電鉄の事業の一環として引き続き営業		
	12	◉大阪市営地下鉄御堂筋線、天王寺〜昭和町間開通		
1952 27	1	◉そごう百貨店、接収解除。そのほか、1952年に多くの建築が接収解除される		韓国、李承晩ライン設定
	4		★サンフランシスコ講和条約発効。★日米安全保障条約発効 ★GHQが廃止される	
	5	◉耐火建築促進法公布・施行		
	6	そごう本店、百貨店として再開		
	7	大阪産経会館(サンケイホール)開館 ※P036	保安庁法公布	
	10	大阪市の交通事業と水道事業が、公営事業として新発足 ◉大阪市営地下鉄御堂筋線 昭和町〜西田辺間開通	保安隊発足	
1953 28	5	第一生命ビルディング完成(40・75メートル、12階) ※P038 日本最初の31m超の高層建築 大阪城修復工事始まる		

西暦・和暦	月	大阪建築・都市計画関連・関連法・関連団体	日本	世界
	7			朝鮮休戦協定調印
	9	◆町村合併促進法公布		
1954 29	2	東法円坂で発掘調査開始		
	3		第五福竜丸、ビキニ環礁で被曝。日米相互防衛援助(MSA)協定調印	
	4	◉国鉄城東線、天王寺～桜島間直通電車復活 ◉城東線全線複線化(現・JR西日本大阪環状線) ◉日本最初の日本国際見本市が、大阪で開かれる		
	5	大阪城の修復工事が終わる ◆土地区画整理法公布		
	6		防衛庁設置法、自衛隊法公布	周恩来・ネルー「平和五原則」共同声明
	7	大正飛行場が全面返還		ジュネーブ会議、インドネシア休戦協定成立
	8	長堀川可動堰再開		
	11	鳥飼大橋竣工。日本最初の有料橋となる	映画『ゴジラ』が公開。日本民主党結成。総裁は鳩山一郎	
	12		第1次鳩山一郎内閣成立	
1955 30	4	◉大阪府の住宅建設を促進する策として、4か年12万戸建設の計画が発表 ◉第3次市域拡張 ◆土地区画整理法施行 堺臨海工業地帯の造成事業工事に取りかかる		バンドンでアジア・アフリカ会議開催
	5	◉大阪市役所屋上に「みおつくしの鐘」が取り付けられる		ソ連・東欧8か国、ワルシャワ条約調印
	6	◉大阪湾北防波堤完成 大坂城跡が国の特別史跡として指定される		
	7	◆日本住宅公団法公布・施行。公団成立		ラッセル・アインシュタイン宣言発表。ジュネーブで米・英・仏・ソ4巨頭会談
	8		第1回原水爆禁止世界大会開催	
	10	第8回国勢調査。大阪府人口461万人、大阪市人口254万人	日本社会党が再統一する	
	11		自由党と日本民主党が合流し(保守合同)、自由民主党(自民党)が結成(55年体制の幕開け)	
1956 31	2			フルスチョフ、スターリン批判
	3	◆日本最初の団地入居者募集開始(日本住宅公団建設の、大阪・堺市の金岡団地) ◉国鉄、大阪環状線の工事に取りかかる ◆日本道路公団法公布・施行		
	4	◆日本道路公団発足		
	6	毎日大阪会館(北館)開館 ※P060 ◉大阪市営地下鉄四つ橋線、花園町～岸里間開業		
	10	新世界の通天閣(2代目)再建開業 ※P046 梅田コマ・スタジアム完成 ※P050	日ソ国交回復に関する共同宣言調印	スエズ戦争(第2次中東戦争)勃発
	11	梅田コマ・スタジアム開場 ※P050		
	12		国連総会、日本の加盟を承認	
1957 32	3			ヨーロッパ経済共同体(EEC)が発足
	4	主婦の店「ダイエー」、第1号店を京阪電鉄千林駅前に開店		
	7	通天閣に灯がつく ◆国土開発縦貫自動車道路建設法公布・施行		
	10	南海会館開業 ※P052 ◉名神高速道路着工		ソ連、人工衛星スプートニク1号の打ち上げに成功
	12	◉難波地下街「ナンバ地下センター」開業		
1958 33	2	法円坂団地高層共同住宅(5期)運営開始 ※P070		
	3	◉伊丹飛行場を大阪空港と改称。全面返還		
	4	新朝日ビルディング・大阪フェステバルホール開館 ※P056 毎日大阪会館(南館)開館 ※P060		
	5	新大阪ビルディング完成(1期) ※P064 大阪府人口500万を超える		中国共産党、大躍進路線決定
	6	法円坂団地高層共同住宅(5期)完成 ※P070		

年	月	大阪	日本	世界
	7	◉大阪市臨海工業地域造成計画の起工式が行われる(南港埋め立て事業)		
	10	難波駅前に大阪・新歌舞伎座開館 ※P064		
	11	西長堀アパート完成 ※P072		
	12	千日デパート営業開始	東京タワー完工式(333m、当時世界一)	
1959 34	1		メートル法実施	キューバ革命軍、バチスタ政権を打倒
	3	◉大阪湾港の西大阪防潮堤完成	三菱油化の四日市工場第1期工事完成(石油化学コンビナート始まり)	
	4	◉千里丘陵に8万人のニュータウン建設が決まる ◉左藤義詮、第39代大阪府知事に就任	皇太子殿下ご成婚パレード	
	6	大阪市中央体育館完成 ※P074		
	7	大阪市中央体育館開館 ※P074 ◉大阪空港が大阪国際空港と改称		
	8			
	9		伊勢湾台風来襲	
1960 35	1		日米相互協力及び安全保障条約(新安保)などの協定・事前協議に関する交換文などに調印。60年安保闘争激化。民主社会党結成大会	
	3	電通大阪支社完成 ※P076 関電ビルディング完成 ※P078		
	4		ソニー、世界初のトランジスタ=テレビ発売。閣僚会議、貿易為替自由化計画決定	
	6		新安保条約自然成立	
	7	◉大阪市営地下鉄御堂筋線、西田辺~我孫子間開通	第1次池田勇人内閣成立	
	9			石油輸出国機構(OPEC)結成
	10	第9回国勢調査。大阪府人口550万人、大阪市人口301万人	浅沼稲次郎社会党委員長刺殺	
	12		政府、国民所得倍増計画を決定	経済協力開発機構(OECD)設立条約調印
1961 36	4	◉大阪環状線、西九条~天王寺間開通。環状となり全線路電車運転となる		ソ連宇宙船ヴォストーク1号(ガガーリン少佐)を打ち上げ、地球一周友人飛行に成功
	6	日本板硝子本社ビル完成 ※P088 ◆市街地改造法公布・施行 ◆防災建築街区造成法公布・施行	農業基本法公布	
	8		第2室戸台風	東ドイツ、東西ベルリンの境界に壁を構築(ベルリンの壁)
	12	◉大阪市営地下鉄中央線、弁天町~大阪港間開通		
1962 37	3	◆阪神道路公団法公布・施行		
	5	◆阪神高速道路公団設立 ◆新産業都市建設促進法公布		
	7	◉新大阪港スタート(大阪湾と堺湾統合)		
	8	◆新産業都市建設促進法施行。15か所を新産業都市に指定		
	9	天王寺民衆駅開業 ※P090		
	10	◆全国総合開発計画決定		ケネディ米大統領、キューバ海上封鎖を声明(キューバ危機)
	11	◉千里ニュータウンのまち開き		
1963 38	1	第2阪神国道開通(国道43号線)		
	2	大阪府、スモッグ情報を開始	日本、ガット11条国への移行通告	
	4	◉中馬馨、第13代大阪市長に就任 国鉄、大阪駅前に、西日本最初の歩道橋完成(大阪中央郵便局前) ◉安治川大橋開通		
	6	大阪神ビルディング開業 ※P092 ◉大阪市区画整理局設置		
	7	◉名神高速道一部開通(日本初の都市間高速道路) ◆新住宅市街地開発法公布 ◆近畿整備法公布・施行 ◆建築基準法第4次改正(容積地区制導入と高さ制限の部分的解除など)		
	8			米・英・ソ、部分的核実験禁止条約調印

西暦・和暦	月	大阪建築・都市計画関連・関連法・関連団体	日本	世界
	9	上六・下寺町防災建築街区(上町第1ビル・大和会館)完成 ※P096		
	10	名神高速道路大津レストハウス完成 ※P102　新大阪ビルディング完成(2期) ※P064		
	11	◉梅田地下街「ウメダ地下センター」開業　◆新住宅市街地開発法施行令		ケネディ米大統領暗殺
1964 39	2	梅田吸気塔完工 ※P106		
	3	◉大阪環状線、完全高架完成。環状運転開始　◆日本鉄道建設公団発足		国連貿易開発会議開催
	4	本願寺津村別院(北御堂)完成 ※P108	日本、IMF8条国に移行	
	6	阪神高速道路1号環状線一部開通 ※P110　◆大阪府宅地協会(大阪府住宅供給公社の前身)設立		
	7	長居陸上競技場完成		
	9	新大阪駅(1期)完成 ※P112　◉大阪市営地下鉄御堂筋線、梅田～新大阪間開通		
	10	新大阪駅開業 ※P112　◉大阪のオリンピック道路(大阪府道、大阪～池田)開通　◉大阪市営地下鉄中央線、弁天町～本町間開通	★東海道新幹線開業。東京オリンピック開催	
	11	心斎橋が、歩道橋として再現される	第1次佐藤栄作内閣成立。公明党結成大会	
1965 40	2	◉大阪市、大阪市総合計画基本構想第一次試案発表		米、北ベトナムのドンホイを爆撃(北爆開始)
	3	御堂ビル(竹中工務店大阪本店)完成 ※P120		
	4		ベ平連、初のデモ	
	5		★政府、BIEに万国博覧会開催申請書を提出。受理される。	
	6		日韓基本条約調印	
	7	◉名神高速道路が全線開通する		
	9		★日本万国博覧会、千里丘陵で開催決定	
	10	◉大阪市営地下鉄四つ橋線、西梅田～大国町間開通　第10回国勢調査。大阪府人口665万人、大阪市人口315万人　大阪ロイヤルホテル(リーガロイヤルホテル)[現・ウエストウィング]開業 ※P122		
	11	◉中之島地下街開業	戦後初の赤字国債発行を決定	中国で文化大革命始まる
	12	◉阪神高速道路梅田～道頓堀間開通		
1966 41	1	上六・下寺町防災建築街区(上六センタービル)完成 ※P096		
	3	新大阪駅(2期)完成 ※P112　泉北ニュータウン開発始まる	総人口、1億人を突破	
	4	上六・下寺町防災建築街区(新谷九ビル)完成 ※P096		
	5	朝日放送本社・大阪タワー完成 ※P124	米原子力潜水艦、横須賀に初入港	
	6		ザ・ビートルズが来日	
	7	朝日放送本社・大阪タワー開業 ※P124　◉堂島地下街「ドージマ地下センター」開業	閣議、新東京国際空港建設予定地を千葉県成田市三里塚に決定	
	8			中国、文化大革命勝利祝賀の近衛兵100万人集会
1967 42	2	◉大阪市、大阪市総合計画基本構想第最終案発表		
	3	◉阪神高速大阪1号線が環状につながる　◉日本万国博覧会場の建設起工式　◉大阪市営地下鉄谷町線、東梅田～谷町四丁目間開通		
	4		東京都知事に社共推薦の美濃部亮吉が当選	
	7			ヨーロッパ(EC)共同体設立
	8	上六・下寺町防災建築街区(東谷町ビル)完成 ※P096　◆公害対策基本法公布・施行		東アジア諸国連合(ASEAN)結成
	10	道頓堀川改修工事完成。両岸にグリーンベルトができる　◉大阪開港100年記念式典が行われる		
1968 43	3	◉日本万国博覧会立柱祭が行われる。建築工事スタート		
	4		日本で最初の超高層ビル「霞が関ビル」完成	チェコ共産党中央委員会が複数政党制など決議
	5	森之宮市街地住宅(森之宮団地)完成 ※P126　◆自民党、田中角栄を中心にした「都市政策大綱」を発表(日本列島改造論の原型)		パリで学生デモ。ゼネスト全仏に拡大(5月革命)
	6	◆大気汚染防止法公布・騒音規制法公布　◆(新)都市計画法公布		
	7	◉大阪市営地下鉄 中央線、森ノ宮～深江橋間開通		

	10	◉阿倍野地下街「アベノ橋地下センター」開業	川端康成、ノーベル文学賞受賞	
	12	◉大阪市営地下鉄谷町線、谷町4丁目～天王寺間開通	この年、国民総生産（GNP）で第2位となる	
1969 44	1	大阪国際空港ターミナルビルディング完成 ※P128	東大安田講堂事件が起こる	ベトナム和平拡大パリ会談
	2	大阪国際空港ターミナルビルディング開館 ※P128		
	4	◉大阪市営地下鉄千日前線、野田阪神～桜川間開通		
	5	伊藤忠ビル・大阪センタービル（大阪御堂筋ビル・大阪センタービル） ※P132　大阪城公園内の市民の森完成（森林公園）	★政府、新全国総合開発計画決定	
	6	◆都市再開発法公布（市街地改造法・防災建築街区造成法解消）　◆都市計画法施行令	東名高速道路開通（346・7㎞）。ベ平連による新宿駅西口地下広場での反戦フォークソング集会を機動隊が規制	
	7	◉大阪市営地下鉄千日前線、谷町9丁目～今里間開通		米アポロ11月号、人間を乗せ初の月面着陸に成功
	8	OMM（大阪マーチャンタイズ・マートビル）開業 ※P134		
	11	阪急三番街開業 ※P140		
	12	◉新御堂筋高架開通		
1970 45	2	◉大阪市営地下鉄御堂筋線、新大阪～江坂間開通　◉北大阪急行電鉄、江坂～万国博中央口開通　◉御堂筋線と相互乗り入れする	政府、核拡散防止条約に調印	
	3	◉大阪中央環状線、近畿自動車道、中国縦貫自動車道開通　豊里大橋開通。当時、日本最長の中央支間216mの斜張橋となる　◉難波地下街「ミナミ地下センター（虹のまち）」開業　船場センタービル開業 ※P142　日本万国博覧会開幕 ※P156～183　◉新御堂筋全面開通	日本航空機（よど号）ハイジャック事件が発生	
	4	大阪駅前第1ビル完成 ※P144		
	6	◆建築基準法第5次改正（容積制への移行など）	政府、日米安全保障条約自動延長	
	10	第11回国勢調査。大阪府人口762万人、大阪市人口298万人　泉北ニュータウン完成		チリ社会党党首アジェンデ、大統領に当選
	11		三島由紀夫、割腹自殺	
	12			西独・ポーランド、国交正常化条約調印
1971 46	6		沖縄返還協定調印	
	7	◉南港にフェリーふ頭を開設	環境庁発足	
	8	大阪にも光化学スモッグ発生		米、金・ドル交換停止などドル防衛策発表（ドルショック）
	9	◉日本万国博覧会跡地に、日本庭園を開園		
	10	◉日本万国博覧会跡地のうち、緑地50万㎡を一般公開		中華人民共和国の国連加盟決定（中華民国脱退）
	11	メタボ阪急完成 ※P148		
	12		スミソニアン協定により1ドル＝308円	
1972 47	1		日米繊維政府間協定調印	
	2		冬季オリンピック、札幌で開催	ニクソン、米大統領として初訪中。米中共同声明を発表
	3	◉日本万国博覧会跡地に、エキスポランド開園　◉阪急ターミナルビル完成（軒高68・53m、最高76・03m）	連合赤軍浅間山荘事件	
	5		沖縄がアメリカから返還。沖縄県が発足	
	6		★田中角栄、『日本列島改造論』を発表	米、ウォーターゲート事件が発覚
	7		第1次田中内閣成立	
	9		田中首相訪中、日中共同声明に調印	
	11	◉大阪市営地下鉄、四つ橋線西梅田～住之江公園開通		
1973 58	1	大阪大林ビルディング完成 ※P150		ベトナム和平協定調印
	2	大阪国際ビルディング完成（軒高120m、最高125・11m、32階） ※P150。当時、西日本一の高さのビルとなる	円、変動相場制へ移行（円急騰）	★第4次中東戦争勃発。石油危機（オイルショック）
	9	大阪ロイヤルホテル（リーガロイヤルホテル）［現・タワーウィング］完成 ※P122		
	11	梅田新歩道橋完成。通路幅8mを超す巨大歩道橋　◉阪急電鉄、梅田駅の拡張移設工事完成。当時民間では日本最大のターミナル駅となる　◉梅田地下街拡張開業。当時、日本最大の広さの地下街となる	トイレット・ペーパー騒動発生。政府、石油緊急対策要綱決定	
	12		国民生活安定緊急処置法、石油需給適正化法、各公布	

図版提供

ABCテレビ	p.124, p.125
安藤ハザマ	p.025, p.026-027
一般社団法人日本建築家協会	p.016上「建築と社会」1947年9～12月合併号より転載, p.017「建築と社会」1947年9～12月合併号より転載, p.023建築と社会」1950年11月号より転載
大阪市	p.144下, p.150下
大阪市開発公社	p.142上, p.142上, p.142下・右, p.142下・左
大阪府	p.154, p.156-157, p.159, p.160-161, p.162, p.163上, p.163下・右, p.163下・中, p.163下・左, p.164-165, p.166上, p.166下, p.167, p.168, p.169上, p.169下, p.170, p.171上, p.171下, p.172-173, p.174, p.175上, p.175下・右, p.175下・中, p.175下・左, p.176, p.177上, p.177下, p.178上, p.178下, p.179上, p.179下, p.180上, p.180下, p.181上, p.181下・右, p.181下・左, p.182上 p.182中・右, p.182中・左, p.182下・右, p.182下・左, p.183上, p.183下, p.185上, p.185中, p.185下 p.186-187, p.188上, p.188下, p.189上, p.189下, p.190上, p.190下, p.191
大阪府公文書館	p.038, p.043, p.073下, p.080-081, p.088下, p.090上, p.110, p.111上, p.113, p.146-147
大阪歴史博物館蔵	p.016下, p.020上, p.022上, p.022下, p.024, p.090下, p.097上, p.097下, p.098-099, p.106上 p.106下, p.107, p.114-115, p.126下
大林組	p.034上, p.034下, p.035, p.060上, p.060下, p.062-063, p.064, p.065, p.066上, p.066下, p.067上, p.067下, p.074上, p.074下, p.075, p.083, p.085, p.112, p.116, p.118, p.129上, p.129下 p.130-131, p.138, p.144上, p.150上, p.151
旧関電ビルディング	p.078, p.079
国土交通省淀川資料館蔵	p.040
産経新聞社	p.029, p.087, p.139
サンケイビル	p.036上
本願寺津村別院(北御堂)	p.108上, p.108下
ジャパンアーカイブス	p.039
松竹株式会社	p.020下, p.021
竹中工務店	p.015, p.032, p.033上, p.033下, p.036下, p.037, p.050上, p.050下, p.056上, p.056上, p.056下, p.058-059, p.119, p.120上, p.120下, p.121, p.122上, p.122下・右, p.122下・左, p.133上, p.133下, p.134上, p.134下, p.135-136, p.140上, p.140下, p.141, p.148上, p.148下, p.149, p.151下, p.152-153
電通大阪支社	p.076, p.077
東畑建築事務所	p.045, p.070, p.071上, p.071下
独立行政法人都市再生機構	p.084, p.101, p.126上
南海電鉄株式会社	p.053, p.054-055
NEXCO西日本	p.103, p.111下
日本板硝子株式会社	p.088上
橋爪紳也コレクション	p.009, p.011, p.012, p.014, p.028, p.031, p.046, p.047, p.048-049, p.086, 本表紙
阪神高速道株式会社	p.111
阪神電気鉄道株式会社	p.092上, p.092下, p.094-095
毎日新聞社	p.018-019, p.041, p.044, p.068, p.069

撮影：多比良敏雄　p.050上, p.073上, p.102, p.104-105, p.122上, p.122下・右

主要参考文献（発行年順）

1950年代

『毎日新聞七十年』毎日新聞社、1952年／『南海会館竣工記念パンフレット』南海会館、1957年／『第一回大阪国際芸術祭記念写真帖』大阪国際芸術祭協会、1958年

1960年代

『関西電力の10年』関西電力、1961年／『天王寺ステーションビルディング』天王寺ステーションビルディング、1962年／『松竹七十年史』松竹、1964年
『東海道新幹線工事誌』日本国有鉄道大阪第二工事局、1965年／通天閣観光株式会社編『通天閣20年のあゆみ』通天閣観光、1966年
『日本板硝子株式会社五十年史』日本板硝子株式会社、1968年／『日本住宅公団年報1968』日本住宅公団、1968年／『大成クォータリー31号』大成建設、1969年

1970年代

『日本万国博覧会―公式ガイド』日本万国博覧会協会、1970年／大阪府建築士会創立20年記念出版委員会編『ガイドブック 大阪の建築』大阪府建築士会、1972年
『大阪市防災建築街区造成事業概要』大阪市都市再開発局建設課、1971年／『日本万国博覧会公式記録 第1巻』日本万国博覧会記念協会、1973年
『日本万国博覧会公式記録 第2巻』日本万国博覧会記念協会、1973年／『日本万国博覧会公式記録 第3巻』日本万国博覧会記念協会、1973年
『大阪国際ビルディング』ユニチカビルディング、1973年／中之島をまもる会『中之島－よみがえれ　わが都市(まち)－』ナンバー出版、1974年
『大阪市住宅供給公社10年のあゆみ』大阪市住宅供給公社、1976年／『大阪建物株式会社50年史』大阪建物、1977年

1980年代

大阪都市協会編『北区史』北区制100周年記念事業実行委員会、1980年／村野藤吾『建築をつくる者の心』大阪府、1981年／熊谷奉文『大阪社交業界戦前史』大阪社交タイムス社、1981年
大阪都市協会編『続・南区史』南区制100周年記念事業実行委員会、1982年／大阪市都市整備協会編『甦えるわが街－戦災復興土地区画整理事業(南東平高津地区)』大阪市都市再開発局、1982年
『阪神高速道路公団二十年史』阪神高速道路公団、1982年／熊谷奉文『不死鳥の如く　大阪社交業界戦後史』大阪社交タイムス社、1983年
NHK大阪放送局編『近代大阪年表 明治元年《1868》～昭和57年《1982》』日本放送出版協会、1983年／『大阪駅前市街地改造事業誌』大阪市都市整備局、1985年
『南海電気鉄道百年史』南海電気鉄道、1985年／『20年のあゆみ 関西国際空港ビルディング株式会社』関西国際空港ビルディング株式会社、1986年
『日本道路公団三十年史』日本道路公団、1986年／『大阪市庁舎建設記録』大阪市都市整備局営繕部編集、1987年／読売新聞大阪本社社会部『実記百年の大阪』朋興社、1987年
『大阪市開発公社25年史』大阪市開発公社、1989年／『伸びゆく新大阪－新大阪駅周辺土地区画整理事業のあゆみ－』大阪市建設局、1989年
大阪市都市協会大阪市都市住宅史編集委員会編『まちに住まう―大阪都市住宅史』平凡社、1989年

1990年代

『図説 大阪府の歴史』河出書房新社、1990年／『翔 大阪国際空港50周年史』大阪国際空港50周年記念事業実行委員会、1990年／小山仁示・芝村篤樹『大阪府の百年』山川出版社、1991年
『毎日放送の40年』毎日放送、1991年／「大阪市の総合設計制度」編集委員会編『大阪市の総合設計制度 －概要・実績・事例－』大阪府建築士会、1992
福富太郎『昭和キャバレー秘史』河出書房新社、1994年／「大阪の川」編集委員会編著『大阪の川－都市河川の変遷－』大阪市土木技術協会、1995年
『「回顧録・大阪の建設」第二巻：焦土の復興からバブル崩壊まで』大阪建設業協会、1995年
大阪市都市整備協会編『甦えるわが街 北地区・西地区・西淀川大和田地区・東淀川十三地区・城東鴫野地区』大阪市建設局、1997年／「大阪の歴史」研究会編『増補改訂 大阪近代史話』東方出版、1998年
『歓声とともに半世紀 －大阪スタヂアム興業の足跡－』大阪スタヂアム興業、1998年／原武史『「民都」大阪対「帝都」東京―思想としての関西私鉄』講談社、1998年
『阪急不動産の50年』阪急不動産、1998年／大阪市史編纂所編『大阪市の歴史』創元社、1999年／ギャラリー間編著『建築MAP大阪/神戸』TOTO出版、1999年
『国際見本市協会の軌跡 －半世紀の記録－』国際見本市協会、1999年／芝村篤樹『都市の近代・大阪の20世紀』思文閣出版、1999年

2000年代

『朝日放送の50年 本史』朝日放送株式会社、2000年／産経新聞大阪本社社会部『大阪の20世紀』東方出版、2000年／芦屋市立美術博物館企画監修『関西のモダニズム建築20選』淡交社、2001年
丹下健三・藤森照信『丹下健三』新建築社、2002年／『ヴィジュアル版建築入門10 建築と都市』彰国社、2003年
佐野正一『建築家三代 安井建築設計事務所　継承と発展』日刊建設工業新聞社、2003年／橋爪紳也・永井良和『南海ホークスがあったころ　野球ファンとパ・リーグの文化史』紀伊國屋書店、2003年
荻野基『万博前夜の大阪市営地下鉄―御堂筋線の鋼製車たち』ネコ・パブリッシング、2004年／坪内祐三『まぼろしの大阪』ぴあ株式会社、2004年
西村征一郎監修、笠原一人総括『村野藤吾建築設計図展カタログ5』京都工芸繊維大学美術工芸資料館村野藤吾の設計研究会、2004年
竹内次男監修、松隈洋・笠原一人総括『村野藤吾建築設計図展カタログ7』京都工芸繊維大学美術工芸資料館村野藤吾の設計研究会、2005年
神田文人・小林英夫編『戦後史1945－2005年表』小学館、2005年／『リーガロイヤルホテル70年の歩み 1935－2005』株式会社ロイヤルホテル、2005年
建築・都市ワークショップ編『タワー 内藤多仲と三塔物語』INAX出版、2006年／橋爪紳也監修、高岡伸一・三木学編著『大大阪モダン建築』青幻舎、2007年
野口悠紀雄『戦後日本経済史』新潮社、2008年／『大阪建設業協会100年史』大阪建設業協会、2009年／村野藤吾研究会編著『村野藤吾建築案内』TOTO出版、2009年

2010年代

五十嵐太郎・磯達雄『ぼくらが夢見た未来都市』PHP研究所、2010年／石田潤一郎＋歴史調査WG『16人の建築家 竹中工務店の源流』井上書院、2010年
神奈川県立近代美術館『建築家 坂倉準三 モダニズムを生きる｜人間、都市、空間』建築資料研究社、2010年／橋爪紳也監修『EXPO'70パビリオン 大阪万博公式メモリアルガイド』平凡社、2010年
成美堂出版編集部編著『鉄道旅行日本地図 西日本編』成美堂出版、2011年／吉見俊哉『万博と戦後日本』講談社、2011年／酒井隆史『通天閣 新・日本資本主義発達史』青土社、2011年
堀田典裕『自動車と建築　モータリゼーション時代の環境デザイン』河出書房新社、2011年／大阪大学21世紀懐徳堂編『なつかしき未来「大阪万博」：人類は進歩したのか調和したのか』創元社、2012年
産経新聞社(写真)『昭和の大阪』光村推古書院、2012年／橋爪紳也『ニッポンの塔 タワーの都市建築史』河出書房新社、2012年／原武史『団地の空間政治学』NHKブックス、2012年
BMC『いいビルの写真集』パイ インターナショナル、2012年／橋爪紳也『広告のなかの名建築 関西編』鹿島出版会、2013／酒井一光・高岡伸一・江弘毅『大阪名所図解』140B、2014年
生田誠『JR京都線・神戸線 街と駅の1世紀』彩流社、2014年／石田潤一郎監修『関西のモダニズム建築：1920年代～60年代、空間にあらわれた合理・抽象・改革』淡交社、2014年
平野暁臣編著『大阪万博―20世紀が夢見た21世紀』小学館クリエイティブ、2014年／生田誠『大阪環状線・北大阪急行・御堂筋線 街と駅の1世紀』アルファベータブックス、2015年
曲沼美恵『メディア・モンスター 誰が「黒川紀章」を殺したのか？』草思社、2015年／高岡伸一編著『大阪神ビルディング 1941－2015』阪神電気鉄道株式会社、2015年
橋爪紳也監修、高岡伸一・倉方俊輔編著『生きた建築 大阪』140B、2015年／『モダンエイジの建築 －「建築と社会」を再読する－』日本建築協会、2017年
篠沢健太・吉永健一『団地図解』学芸出版社、2017年／橋爪紳也編『大大阪の時代を歩く』洋泉社、2017年／橋爪紳也『1970年大阪万博の時代を歩く』洋泉社、2018年
橋爪紳也監修、高岡伸一・倉方俊輔編著『生きた建築 大阪2』140B、2018年／照井啓太『日本 懐かし団地大全』辰巳出版、2018年
廣井悠・地下街減災研究会『知らざれる地下街』河出書房新社、2018年／平野暁臣『「太陽の塔」新発見！』青春出版社、2018年／平野暁臣『太陽の塔ガイド』小学館、2018年

雑誌・論文

雑誌『建築と社会』日本建築協会／雑誌『新建築』新建築社／雑誌『大阪人』「特集 戦後建築〈1945-68〉」大阪都市協会、2005年1月号
高岡伸一『大阪の近現代建築物のコモンズ化による都市再生手法に関する研究』大阪市立大学大学院(博士論文)、2017年
石榑督和「池袋西口民衆駅の計画と建設 国鉄駅舎の戦災復興とターミナル開発としての民衆駅方式」『日本建築学会計画系論文集』Vol.737、日本建築学会、pp.1847-1857、2017年
橋爪紳也「大阪1945～1970 建築と都市の時代」『まちなみ』大阪府建築士事務所協会、2018年4月号～(連載中)

その他、多くのWeb資料を参照しました。

あとがき

高岡伸一

すでに書いた通り、本書は2007（平成19）年に同じメンバーで世に出した、『大大阪モダン建築』の続編に当たります。大阪の建築の魅力を広く知ってもらいたいとの思いから、前書では明治から昭和のはじめにかけて、特に大阪が「大大阪」と呼ばれて大いに繁栄した時代を中心に、約80件の建築を紹介しました。本書ではその対象を次の時代、戦後の復興期から高度経済成長期にかけて、1973（昭和48）年に大阪で初めて100メートルを超える超高層ビルが建てられるまでの期間として、約50件の建築と、一部の土木構築物を取り上げています。「大大阪時代」の次のピークである高度経済成長期の建築を、「新大阪時代」の建築と位置付け、建築にまつわるさまざまなトピックを織り交ぜながら、時代と共に大阪という都市がどのように変化したのかを意識しつつ、本書をまとめました。

続編とはいうものの、その構成は大きく異なっています。前書ではあくまで現存する建築にこだわったのに対し（とはいえ10年以上を経過して少なくない数の近代建築が姿を消しましたが）、本書は現存するしないに関わらず、新大阪時代を代表すると私たちが判断した建築を厳選して取り上げています。また、前書は本を手に街へ出て、ぜひ実物に足を運んでほしいとの思いから、章をエリア毎に分けてガイドブック風に編集しましたが、本書では建設された年の順番に、時系列で建築を並べています。できるだけ多くの写真を載せ、見て楽しい紙面づくりを心がけた点は今回も同じですが、本書では現存する建築であっても現在の写真ではなく、できるだけ竣工時に近い、建った当時の様子が伝わる写真を掲載するように努めました。大阪万博の開幕に向けて加速度的に激しさを増す都市の変化のありようを、何より伝えたいと考えたからです。その結果、最初から仮設であることが決まっていた万博のパビリオンを除く42件のうち、大幅に改変されているものも含め、現存するものは半数を切る19件というラインナップになってしまいました。1960（昭和35）年までに限ってみると、通天閣と西長堀アパートの、たった2件しか残っていません。

本書は橋爪紳也さんと三木学さんが企画し、大阪歴史博物館の学芸員だった酒井一光さんが、建築を解説する本文を執筆することになっていました。しかし厳しい闘病生活で原稿を書き上げることは困難と自身で判断され、その代打として私が後を引き継ぐことになりました。酒井さんは

2018（平成30）年6月20日、49歳という若さであの世に旅立たれました。こうしてあとがきを書いている今も、まだ実感がありません。

そもそも、大阪の戦後の建築にいち早く着目し、その価値や魅力を発信しようとしたのは酒井さんでした。今はなき雑誌『大阪人』の2005（平成17）年1月号の巻頭特集「戦後建築」は、編集委員を務めていた橋爪さんが企画し、酒井さんらが担当したものです。そこで酒井さんは、戦後建築は「気付かないうちに建て替えられているものも多い」と警笛を鳴らし、「戦後という『あの頃』、未来に向けて描いた夢のたくましさは、現在の建築には遠くおよばないものではないだろうか」と、戦後建築の魅力の秘密を解き明かしています。残念ながらこの特集号の売れ行きは芳しくなかったらしく、後年酒井さんは、「企画が早すぎたようです」と笑って話していましたが、特集から15年になろうという今の戦後建築を巡る状況を考えれば、全く早過ぎることはなく、むしろ周囲の認識が遅すぎたというべきでしょう。

確かに酒井さんも、「無機質、画一的なイメージがつきまとうからだろうか」と懸念しているように、華やかな装飾をもつ戦前の建築に対して、戦後の建築の魅力は掴みづらいかもしれません。しかし本書のクライマックスである大阪万博、まさに「未来に向けて描いた夢」を爆発させたかようなデザインのパビリオン群をみて、心躍らない人はいないでしょう。あれは万博という世紀の祝祭空間にのみ許されたデザインだったのでしょうか。私はそうではないと思います。本書を見ていただければ、未来の夢に向けた萌芽を、多くの建築から見出すことができるでしょう。その建築に投入された、建築家をはじめとする当時の人々のあり余る熱量は、決して大大阪時代にも、大阪万博にも引けを取りません。

本書では、酒井さんが書き残した3編の建築紹介を、ほぼそのままの形で掲載しています。残りを書き上げる重責を私が引き継いだわけですが、建築に対するまなざしの解像度では酒井さんに敵うわけもなく、その視線の先を建築自体から都市へと振って、建築を単体で見るのではなく、都市との関係、当時の社会状況や法制度、周辺環境の変化との対応のなかに位置付けることを考えて書きました。

ともかく、すでに残された新大阪時代の建築は少ない。『大大阪モダン建築』が出てからの10年で、船場を中心とした大大阪時代の建築に注目が集まり、ショップやオフィスとして生き生きと活用されていったように、これからの10年で新大阪時代の建築に関心が集まり、うまく活用されていくきっかけになればと願いつつ、本書を酒井一光さんに捧げたいと思います。というか、本書はそもそも酒井さんの本なのです。

橋爪紳也（はしづめ・しんや）
1960年大阪市生まれ。大阪府特別顧問、大阪市特別顧問。大阪府立大学研究推進機構特別教授、大阪府立大学観光産業戦略研究所所長。京都大学工学部建築学科卒、同大学院修了。建築史・都市文化論専攻。工学博士。『大大阪の時代を歩く』『1970年大阪万博の時代を歩く』（ともに洋泉社）、『大大阪モダニズム遊覧』（芸術新聞社）、『広告のなかの名建築 関西篇』（鹿島出版会）ほか著書は80冊以上。日本観光研究学会賞、日本建築学会賞、日本都市計画学会石川賞など受賞。

髙岡伸一（たかおか・しんいち）
1970年大阪生まれ。建築家、近畿大学建築学部准教授、BMCメンバー。大阪の都市部をフィールドに、近現代建築の再評価と再生設計、その価値を社会で共有する建築の無料一斉公開イベント、「生きた建築ミュージアムフェスティバル大阪（イケフェス大阪）」などに取り組む。共著に『特薦いいビル 国立京都国際会館』（大福書林）、『生きた建築大阪2』（140B）など、主な作品に『北浜長屋（登録有形文化財）』『丼池繊維会館』などがある。博士（工学）。

三木学（みき・まなぶ）
1973年奈良生まれ。文筆家、編集者、色彩研究者。独自のイメージ研究を基に、ジャンルやメディアを横断した著述・編集を行う。景観やアート作品の色彩分析を多数行うほか、スライドショーや共感覚研究を発展させ、画像から音楽を作るスマホアプリ『mupic』（ディーバ）のディレクションを担当。主な展示ディレクションに『アーティストの虹—色景』（あいちトリエンナーレ2016）、共編著に『フランスの色景』（青幻舎）などがある。

酒井一光（さかい・かずみつ）
1968年東京生まれ。2018年没。大阪歴史博物館主任学芸員（建築史）として、主に大阪の近代建築などの調査・研究を行うと同時に、タイルや煉瓦といった建材の収集に努めるなど、博物館における建築の新たな保存・展示方法を探求した。著書に『窓から読みとく近代建築』（学芸出版社）などがある。

本書を執筆・制作をするにあたり、建物及び図版所有者をはじめご協力いただきました関係各位に、厚く御礼申し上げます。

図版の中に、撮影者及び著作権者が不明の写真が含まれております。ご存知の方がおられましたら、ご連絡下さいますようお願いします。

新・大阪モダン建築
Modern Architecture in Osaka 1945–1973
戦後復興からEXPO'70の都市へ

発行日 2019年7月25日 初版発行
監修・編著 橋爪紳也
編著 髙岡伸一・三木学
編集 金谷仁美
装丁デザイン 坂本陽一（mots）
進行 苑田大士（青幻舎）
協力 岡田隆太朗・酒井安純・㈱大林組・㈱竹中工務店
翻訳 丸山美佳
発行者 安田英樹
発行所 株式会社 青幻舎
京都市中京区梅忠町9-1
電話 075（252）6766 FAX 075（252）6770
http://www.seigensha.com
印刷・製本 株式会社ムーブ

Printed in Japan
ISBN978-4-86152-731-9 C0052